I0143073

Godofredo Daireaux

Las veladas del tropero

Barcelona **2024**
Linkgua-ediciones.com

Créditos

Título original: Las veladas del tropero.

© 2024, Red ediciones S.L.

e-mail: info@linkgua.com

Diseño de cubierta: Michel Mallard.

ISBN rústica: 978-84-9816-573-9.
ISBN ebook: 978-84-9897-810-0.

Cualquier forma de reproducción, distribución, comunicación pública o transformación de esta obra solo puede ser realizada con la autorización de sus titulares, salvo excepción prevista por la ley. Diríjase a CEDRO (Centro Español de Derechos Reprográficos, www.cedro.org) si necesita fotocopiar, escanear o hacer copias digitales de algún fragmento de esta obra.

Sumario

Brevísima presentación

La vida

Godofredo Daireaux (París, 1849-Buenos Aires, 1916). Argentina.
Hijo de un normando que había hecho fortuna con el café en Brasil, Geoffroy Francois Daireaux se estableció como hacendado en la Argentina en 1868 y en 1883 poseía tres estancias en Rauch, Olavarría y Bolivar.

Participó de la fundación de la ciudad de Rufino en la provincia de Santa Fe y Laboulaye y General Viamonte en la provincia de Córdoba.

En 1901 fue Inspector General de Enseñanza Secundaria y Normal. Enseñó Francés en el Colegio Nacional. Trabajó en La Nación, colaboró en Caras y Caretas, La Prensa, La Ilustración Sudamericana, La Capital de Rosario, y dirigió el diario francés L'Independant. Su casa fue centro de encuentro de artistas como Fader, Quirós, Sivon e Yrurtia.

Daireaux escribió relatos de costumbres y tratados como «La cría del ganado» (1887), «Almanaque para el campo» y «Trabajo agrícola».

Las veladas del tropero son una serie de relatos ambientados en haciendas de la Argentina del siglo XIX.

Prólogo

A Eduardo Sívori

¡Miren que sabía de cosas ese hombre...!

Vecino del Azul, desde cuando era pueblo fronterizo, capataz de un resero, durante veinte años, había recorrido con él, incansablemente, toda la pampa del Sur, y de todo lo visto, oído o adivinado en sus viajes, le daba por sacar unas historias tan interesantes, tan lindas, que conseguía mantener despiertos a los compañeros toda la noche, si así lo exigía la seguridad de la hacienda.

Gracias a él, siempre encontraba su patrón peones para sus arreos, con menos trabajo y a menor precio que cualquier otro tropero; pues todos sabían cuán lindo era viajar bajo sus órdenes, y se le ofrecían, de todas partes, los aficionados. No ignoraban que para el trabajo, nadie era más delicado, y que tendrían que pasar más de una noche en vela, pero también sabían que la velada se la pasarían —fuera de sus horas de ronda— escuchando alguna historia entretenida o alguna conseja maravillosa, de esas que hacen olvidar al más pobre las asperezas de la vida, arrebatan en sueños dorados al más desgraciado y borran, por un rato, de su memoria la más triste realidad; capaces hasta de infundir calor de abrigado hogar a las espaldas, azotadas por el viento, del peón acurrucado en la paja mojada, bajo el poncho empapado.

Toda alma ingenua necesita cuentos, lo mismo que toda criatura necesita leche; alimento liviano y sutil de la primera edad, que mantiene sin cansar. Y por esto es que todos los pueblos primitivos han tenido sus leyendas, sus fábulas, sus relaciones de aventuras, de viajes extraordinarios, de combates heroicos, de amores célebres; sus tradiciones mitológicas, sus historias milagrosas, religiosas o profanas; y nuestro capataz seguramente pensaría que, como cualquier otro, bien podría el gaucho tener las suyas.

Por lo demás, era cosa de creer que hubiese tenido ocasión de comunicarse personalmente con algunos seres sobrenaturales, de los muchos que existen en la pampa, y que éstos le habían confiado sus secretos, pues bien se conocía, al oírlo, que no eran mentiras lo que estaba contando. Si bien en sus cuentos solían aparecer personajes harto misteriosos y suceder acontecimientos incomprensibles para cierta gente, no tenía esto nada de extraño, pues todos saben que hay en la pampa muchas cosas ocultas y seres invisibles cuyos actos nadie podría explicar, pero que tampoco nadie puede negar.

No se puede asegurar que, de vez en cuando, no agregase a la verdad algo de lo suyo; pero, ¿quién no comprenderá que, en las largas horas de ronda y de arreo, puedan nacer en el alma embelesada por los misteriosos conciertos del nocturno silencio pampeano y por los maravillosos espectáculos de la naturaleza sobreexcitada por las grandiosas y terribles manifestaciones de sus repentinas iras, mil figuras extrañas, de dudosa realidad quizá, pero que la imaginación cree verdaderas?

Por lo menos, ninguno de los auditores nunca se hubiera atrevido a dejar entender a ese hombre que le quedara una sombra de duda por todo lo que él narraba, de miedo de perturbar la palpitante relación y de cegar, quizá para siempre, el fantasmagórico manantial de sus invenciones ingeniosas.

¿Invenciones? ¡Claro! ¿Quién, sino él, las contó jamás?

Lo que, inconscientemente, por lo demás, gustaba sobremanera a su auditorio es que en todos los cuentos solo actuaban personajes netamente criollos, en ambiente pampeano puro. Otros que él, por supuesto, les habían, a veces, alrededor del fogón, contado cuentos prodigiosos, pero en ellos hablaban de reyes y de príncipes, de reinas y de princesas, de monstruos y de bellezas encantadas, de tesoros fabulosos y de pedrerías, como si jamás hubiese habido en la llanura gente de esa laya, ni mayores riquezas que modestos aperos de plata y buenos caballos. Los santos y la Virgen peleaban, en ellos, a menudo, con Mandinga, y siempre lo vencían y lo maltrataban; ¡como si hubieran sido mejores gauchos que él y le hubieran podido enseñar a domar y a manejar el lazo!

Cantidad de otros personajes, procedentes quién sabe de dónde, cruzaban por aquellas historias, divertidas, sin duda, pero con un tufo exótico que impedía que ni por un momento se pudiese creer en su veracidad. ¿Qué necesidad había de ir a pedir prestados seres y figuras, hadas y genios, espíritus y fantasmas a todos los países habidos y por haber, teniéndolos en la pampa, criollazos, innumerables y lo más dispuestos a responder en el acto a su evocación?

¡Y qué lindamente los evocaba nuestro tropero...!

Sucedió que, una noche, después de haber dejado con tres hombres la tropa que conducía, de novillos tan ariscos que no se atrevía la gente a prender un cigarro, de miedo de asustarlos, se había agachado con los demás peones entre las pajas, para contarles un cuento. Y apenas empezaba, cuando se vieron relucir en las tinieblas los ojos redondos de los mismos novillos del arreo, que rodeaban, inmóviles y silenciosos, al grupo y escuchaban al narrador con profunda atención.

G.[odofredo] D.[aireaux]

El buey corneta

«Nunca falta —dice el refrán— un buey corneta»; y la verdad es que, tanto entre la gente como entre la hacienda, nunca falta quien trate de llamar sobre sí la atención, aunque no sea más, muchas veces, que por un defecto.

A pesar del refrán, don Cirilo, en su numeroso rodeo de vacas, y entre los muchos bueyes que siempre tenía para los trabajos de su estancia, o para vender a los chacareros, no tenía, ni había tenido jamás, ningún buey de esa laya. Tenía para con ellos antipatía instintiva, y cuando, por un capricho de la naturaleza o por algún accidente, uno de esos animales salía o se volvía corneta, en la primera oportunidad lo vendía o lo hacía carnear.

Y por esto fue que, una mañana, al revisar su rodeo, extrañó ver entre sus animales un magnífico buey negro, con una asta torcida. «¿De dónde habrá salido éste?» —pensó—, y aproximándose a él, para mirarle la marca, se quedó estupefacto al conocer la suya propia, admirablemente estampada y con toda nitidez en el pelo renegrido y lustroso del animal.

Y la señal, de horqueta en una oreja y muesca de atrás en la otra, confirmaba la propiedad.

Quedó don Cirilo caviloso, tratando de acordarse en qué circunstancias podría haberlo perdido, y sobre todo, de adivinar por qué casualidad podía haber vuelto a la querencia un buey de esa edad, que seguramente faltaba del rodeo desde ternero. No pudo hallar solución y quedó con la pesadilla; pesadilla, al fin, fácil de sobrellevar.

Y siguió ocupándose de lo que tenía que hacer en el rodeo, es decir, de «agarrar carne», lo que para don Cirilo significaba carnear alguna res bien gorda, vaca, vaquillona o novillo, poco importaba, con tal que no fuera de su marca. Y como los campos todavía no estaban en ninguna parte alambrados, nunca dejaban de ofrecerse al lazo animales de la vecindad.

Echó pronto los puntos a una vaquillona gorda, en la cual ya, dos o tres veces, se había fijado, y desprendiendo el lazo —pues le gustaba operar él mismo—, la anduvo apurando con un peón para que saliera del rodeo. Ya estaban en la orilla, cuando la vaquillona, dándose vuelta de repente, se vino a arrimar al buey corneta que, lo más pacíficamente, estaba allí rumiando y mirando con sus grandes ojos indiferentes y plácidos.

Al dar vuelta para seguirla, el caballo de don Cirilo resbaló y pegó una costalada tan rápida que, si no hubiera sido éste buen jinete, sale seguramente apretado.

Volvió a montar y a perseguir; pero solo fue después de unas chambonadas, como nunca le había sucedido hacerlas, que logró enlazarla; y ya se iba acercando el capataz para degollarla, cuando reventó el lazo, haciendo bambolear el caballo, mientras que la vaquillona, muy fresca, se mandaba mudar trotando, con la cola parada en señal de triunfo, llevándose la armada en las aspitas, y la mitad del lazo a la rastra.

Derechito se fue adonde estaba parado el buey corneta, como para contarle las peripecias por que acababa de pasar, y el buey parecía escucharla con interés, mirando con sus grandes ojos indiferentes por el lado de don Cirilo, quien, apeado en medio de los peones, contemplaba con rabia los restos de su lazo trenzado, sin poder explicar cómo se había podido cortar semejante huasca con el esfuerzo de un animal tan pequeño.

Renunció por ese día a carnear la vaquillona, y volviendo a las casas, entró en el corral de las ovejas, las que todavía no se habían soltado por el mucho rocío; arrinconó la majada en una esquina del corral, y con el cinchón quiso enlazar un animal cuya señal cantaba claramente que era de un vecino. Pero era día de tan mala suerte, que el cinchón, no se sabe cómo, detuvo por el pescuezo un capón de propiedad del mismo don Cirilo, mientras el otro disparaba brincando.

Don Cirilo, ya disgustado por demás, se contentó con lo que, sin querer, había agarrado, y sacando afuera del corral el capón de su señal, lo degolló, renegando.

Al levantar la cabeza, vio a cien metros de él al buey corneta que, mirándolo con sus grandes ojos indiferentes, comía, con mil precauciones para no pincharse, y con toda la atención de un goloso que prueba un bocado elegido, la alcachofa de uno de los pocos cardos de Castilla que, todavía escasos, crecían cerca de las poblaciones.

Don Cirilo, al ver el animal, volvió a pensar que presentaba éste un caso singular de vuelta a la querencia, sobre todo que, estando gordo, y siendo, como parecía, muy manso, era extraordinario que no hubiese encontrado por allá quien lo aprovechase para toda una rica serie de pucheros. Pero de ahí no pasó en sus reflexiones, y se fue para su casa, dejando que los peones desollasen la res sacrificada.

Al día siguiente, don Cirilo, apenas en el rodeo, vio, detrás del buey corneta, la vaquillona que le había valido una rodada y la pérdida de un lazo.

No tuvo necesidad esa vez de echarla del rodeo para poderla enlazar, pues ella le ganó el tirón, y mientras el buey corneta miraba a don Cirilo con sus grandes ojos plácidos, éste echó a correr con dos peones para alcanzarla. Pero el animal parecía galgo; en su vida don Cirilo había visto disparar tan ligero, correr tanto tiempo y dar tantas vueltas, ningún animal vacuno; sin contar que ya que iba cerniéndose en su cabeza la armada traidora, como relámpago, daba media vuelta, cayendo el lazo en el vacío, o bien se paraba de golpe, dejando que pasase por delante. Nunca, ninguno de los guachos allí presentes había visto cosa igual, y no dejaba de empezar a cundir entre ellos cierta sospecha que les hacía a veces errar el tiro adrede. Don Cirilo, sin embargo, acabó por meterle lazo, y la pudieron degollar. Pero era carne tan cansada, que durante cuatro días todo el personal de la estancia – menos un peón viejo que prefirió no comer más que galleta– y toda la familia de don Cirilo, incluso él, por supuesto, que había comido más que ninguno, todos anduvieron enfermísimos y como envenenados.

Para desquitarse, don Cirilo cortó el cuero de la vaquillona, y aunque fuera algo delgado, pudo sacar de él muchos cabestros buenos, que hacían justamente mucha falta en la estancia. Pero salió tan fofo el cuero, que bastaba que se atase un caballo con uno de los dichos cabestros para que lo cortase y se mandase mudar; y costó esto tres o cuatro recados, desparramados entre los cañadones por caballos que dispararon ensillados. Iba saliendo cara la vaquillona.

El buey corneta, él, seguía comiendo con precaución alrededor de las casas las alcachofas espinosas de los cardos de Castilla, mirando con sus grandes ojos indiferentes a don Cirilo, cada vez que con él se encontraba.

Una mañana de neblina cerrada, que don Cirilo había salido solo, no se sabe a qué diligencia misteriosa, de repente dio con el buey corneta. Entre la espesa gasa de la cerrazón, le pareció enorme el animal; y su silenciosa masa, sus grandes ojos indiferentes clavados en los suyos, hicieron sobre don Cirilo, emparedado a solas con él entre la flotante humedad de la neblina, una impresión de tan invencible inquietud, casi de terror, que por poco le hubiera dado explicaciones, como a un juez, para excusarse, y demostrarle que tampoco los vecinos eran santos, pues a menudo le pegaban malones, comiéndole las mejores vacas y los capones más gordos.

Al tranco, pasó cerca del buey corneta, sin que éste se moviera ni dejara de mirarlo con sus ojos, que, de grandes, parecían los de la conciencia; hasta que, enojándose contra sí mismo, contra el buey, y contra las ideas locas que éste le había hecho brotar en la cabeza, quiso don Cirilo emprender otra vez la carrera hacia el punto de cita que había indicado a su gente para llevar a cabo la diligencia misteriosa a que iba. Pero en este momento, el caballo hundió la mano de modo tan terrible en una cueva de peludo, que antes que pudiera pensarlo estaba tendido en el suelo don Cirilo, como cualquier maturrango, y con la muñeca recalcada.

Tuvo a la fuerza que descansar unos cuantos días, durante los cuales, más de una vez, pasó por su memoria la figura del buey corneta, enorme, renegrido, con su mirada fatídica. Y como, justamente, mientras se estaba acordando de él, le viniera el capataz a avisar que, desde dos días, faltaban del campo, sin que se les pudiera encontrar en ninguna parte, unos caballos ajenos que, desde mucho tiempo ya, se tenían para los trabajos más penosos, don Cirilo no pudo dejar de exclamar que ya, para él, sin duda alguna, el buey era algún mandado de Mandinga.

—De otro modo —dijo—, ¿cómo será que desde que anda por mi campo, sin que se sepa de dónde ha salido, no se puede carnear a gusto ni utilizar un ajeno?

Y entre sí resolvió que no pasarían muchos días sin que le viera el cuero al revés al maldito animal, y esto, a pesar de ser de su marca.

Mientras tanto, y como las malas mañas nunca se van así no más, en un abrir y cerrar de ojos, ya que se le compuso la mano lo bastante para poder trabajar, pensó en contraseñalar unas diez o doce ovejas ajenas que, desde días atrás, andaban mixturadas con su majada. Eran de una vecina, viuda, con bastantes hijos y comadre de don Cirilo: de una mujer que, si le hubiera pedido cualquier servicio, se lo hubiera prestado, no solo con gusto, sino hasta sacrificándose, pero la tentación de apropiarse animales ajenos era para don Cirilo tan fuerte, que ni en este caso la resistió.

Y mientras trataba de modificar artísticamente la señal de la primera oveja que encontró a mano, se le resbaló el pie, no se sabe cómo; el animal sacudió la cabeza y don Cirilo se plantó la punta del cuchillito de señalar en la mano izquierda. Se levantó, echando pestes, y al aproximarse a la puerta del corral para ir a las casas a hacerse curar la herida, casi tuvo, para pasar, que hacer retirar al buey corneta, que, plácidamente, se rascaba la paleta contra un poste.

No dijo nada don Cirilo, pero miró al buey como para matarlo con los ojos.

Y con todo, no se atrevió a dar orden de carnearlo; y, cosa quizá más rara, durante ocho días pareció no acordarse que hubiera ajenos en el rodeo y en la majada, y mandó carnear de la marca del establecimiento. El capataz y los peones extrañaban, por supuesto, pero no tanto como se hubiera podido creer, porque también ellos le tenían singular recelo al corneta negro.

La carne le pareció algo dura a don Cirilo durante una temporada, y vigiló —lo que antes nunca había soñado en hacer— que su señora no la dejase malgastar en la cocina, lo que le valió el excelente resultado de acostumbrarla a evitar desde entonces todo derroche.

No hubiera sido muy prudente, en esos días, de parte del capataz, el pedirle huascas nuevas, pues lo mismo que la carne, parecía que los cueros hubieran tomado un valor extraordinario.

Cuando se le hubo sanado la herida, y pudo volver al rodeo, lo primero que buscó fue, por supuesto, al buey corneta; pero tuvo, para verlo, que mirar lejos en el campo. Andaba solo entre las pajas y parecía tener pocas ganas de acercarse.

15

Don Cirilo lo contempló largo rato, y el fruto de sus reflexiones fue, sin duda, que, estando tan retirado el testigo indiscreto de sus hazañas, se podía, sin inconveniente, carnear algún ajeno, pues empezó a buscar la presilla del lazo. No la pudo desprender; parecía endurecido el cuero, y ya, mirándolo con sus grandes ojos indiferentes, estaba a su lado el buey corneta.

—¡Brujo maldito! —rezongó don Cirilo; pero enlazó una vaca vieja de su marca.

De vuelta a las casas, despachó un chasque a su comadre, avisándole que en su majada tenía algunas ovejas de ella; y pasaron días y días sin que le viniera la idea —por lo menos al parecer— de carnear ningún animal que no fuera de él. Durante todo este tiempo, dio la casualidad que ni una sola vez se encontrara con el buey corneta, ni en el campo, ni en el rodeo. ¡Qué cosa particular!, y aunque fuera suyo, no tenía gana alguna de volverlo a encontrar. No le tenía miedo, por supuesto, pero se encontraba, como quien dice, más a gusto sin él.

—Mejor, hombre, mejor; que no haces falta ninguna por aquí —decía entre sí don Cirilo.

Pero una mañana que justamente iba a acabarse la carne en casa, como andaba cruzando por el campo en un fachinal espeso, salió disparando delante de él una vaquillona gorda de la hacienda de su vecino don Braulio. Desató el lazo, y apurando el caballo, ya la iba a alcanzar, cuando, pesadamente, entre dos cortaderas, se levantó, como un monumento, el enorme buey corneta, renegrido e impasible.

—¡Al diablo! —exclamó don Cirilo— con el intruso —y recogiendo el lazo, se volvió para su casa. Nada dijo a nadie, pero desde ese día nunca permitió que se carnease sino de su marca; y aseguran que, desde entonces, no volvió a ver al buey corneta en su campo.

Y pasaron así unos meses, firme don Cirilo en su buena resolución, pero renegando siempre de los vecinos que seguían, ellos, aprovechando las ocasiones. Particularmente, su antigua víctima, don Braulio, quien parecía mantenerse únicamente de la hacienda de don Cirilo.

Un día que había mandado pedir rodeo a ese vecino, para ver si apartaba los animales de su propiedad antes que se los comiese todos, le llamó inmediatamente la atención al entrar entre la hacienda un buey corneta renegrido, metido entre ella. No tuvo la menor duda que fuera el famoso buey de su marca que tan buenos y contundentes consejos le había dado; pero quedó muy perplejo. ¿Lo llevaría, ya que era de su marca, o lo dejaría, no más, como olvidado? Y pensándolo, se aproximó al animal, mirándole maquinalmente el anca. Se quedó profundamente sorprendido: el buey llevaba, perfectamente pintada, la marca de don Braulio.

Como quien no quiere la cosa, le dijo entonces a éste don Cirilo:

—¡Qué lindo buey oscuro! Lástima que sea corneta.

—¡Hombre! —exclamó don Braulio—, me pasa con ese animal una cosa singular. Lo he visto aparecer de repente en mi rodeo, sin poder averiguar hasta el día de hoy de dónde me sale ese buey con mi marca y mi señal, y sin que me pueda acordar cuándo ni cómo lo habré perdido. No me acuerdo haber tenido jamás un animal de esa laya.

Fingió admirarse don Cirilo, pero guardó para sí sus reflexiones.

Como un mes después, ni quizá tanto, recibió de don Braulio un chasque, avisándole que en su rodeo había una punta de animales que se habían mixturado con los suyos y que haría bien de venirlos a apartar.

Si don Cirilo no hubiera visto el buey corneta en la hacienda de don Braulio, quizá se hubiera muerto de admiración en presencia del caso tan inaudito; ¡mire quién, para semejante aviso!, pero la presencia del buey corneta en el campo de don Braulio todo se lo explicaba. «Le habrá sucedido lo mismo que a mí —pensó—; y habrá tenido que acabar por rendirse.»

Había acertado. Don Braulio, cansado de pegar rodadas, de reventar lazos, de cortarse con el cuchillo, de enfermarse con carne cansada, y todo, siempre con anuencia, al parecer, del buey corneta, se había convencido de que no había más remedio, para no verlo más, que dejar de carnear ajenos.

Y así lo había hecho, y ya se iba retirando el buey, alejándose cada vez más del rodeo y de las casas, hasta que desapareció del campo.

Cuentan que así fue pasando de estancia en estancia, durante largo tiempo, el buey corneta renegrido, siempre cambiando de marca, sin que se le pudieran conocer las anteriores; admirándose los dueños de ver de repente aparecer en su hacienda este extraño animal tan desconocido, a pesar de ser de su propiedad, y poco a poco se volvieron todos los vecinos de aquellos pagos tan delicados para la carne ajena como si hubieran vivido en las costas del Gualichú, en tiempo de Rosas.

No hay duda que el mismo buey corneta sigue en alguna parte, haciendo de las suyas. Muchos creen que anda ahora muy cerca de la cordillera; otros dicen que en la pampa; no falta quien lo haya visto en el Sur, ni tampoco quien haya oído hablar de él en el Norte. ¡Vaya uno a saber por dónde anda!... Pero lo mejor es evitar su presencia y no hay cosa más fácil.

El poncho de vicuña

Un gaucho muy viejo y muy pobre, viendo aproximarse el fin de sus días, llamó a sus tres hijos y les dijo:

—Me queda poco tiempo que vivir; como no tengo más que ese poncho de vicuña que sea de algún valor, quiero que pertenezca después de mi muerte al que lo haya sabido utilizar mejor. Saldrán ustedes por turno, llevándoselo; irán lo más lejos que puedan por el campo, y después de una semana justita cada uno, volverán y me contarán en detalle lo que hayan hecho.

Jacinto, el mayor, hombre ya de treinta años, un perdido que se había pasado toda la vida matrereando por todas partes, salió, al día siguiente, a las tres de la tarde, con caballo de tiro, el poncho de vicuña terciado en el brazo, y rumbeó al poniente.

No se daba muy buena cuenta de lo que había querido decir el viejo al hablar de «utilizar» la manta de vicuña, pero poco costaba probar y, como por otra parte, la manta era de precio, y con ella puesta era fácil darse corte, iba con la idea de lucirse en algunas reuniones, hasta acabar los pesitos que llevaba, y después volver a casa.

Siendo el día muy templado, no se puso el poncho sino a la oración, cuando empezó a refrescar, y poco después llegaba a un rancho donde pensaba pedir licencia para hacer noche. Llamó al palenque; contestó una voz y salió a la puerta una mujer. El gaucho le pidió permiso para desensillar, y como esperaba la contestación para apearse, vio que la mujer, asombrada primero, espantada después, temblando se dirigía hacia su marido, ocupado en el patio en componer un apero. Vino éste, miró hacia el palenque, y con un gesto de fastidio, exclamó:

—Pero mujer zonza, ¡si no hay nadie!

—¿Cómo nadie? —dijo entonces en voz alta Jacinto.

Y al oírle empezó a temblar el marido, teniendo fuerzas para preguntar:

—¿Quién habla?

El gaucho, sospechando que algo pasaba que no se podía explicar, les dijo:

—Pero, ¿no me ven ustedes? —y la contestación, después de corta vacilación, fue la disparada rápida del matrimonio, y su desaparición en el rancho cuya puerta se cerró con estrépito.

Quedó Jacinto vacilando por largo rato; y quitándose el poncho para cerciorarse de lo que sospechaba, llamó otra vez. La puerta del rancho se entreabrió despacio, y con el susto todavía pintado en la cara, le dio el dueño de casa las buenas tardes. Jacinto, sin bajarse, le pidió un jarro de agua, y mientras se lo iba a buscar el otro, rápidamente se volvió a poner el poncho. En este mismo momento, el puestero, siempre desconfiado, se daba vuelta para mirarlo, y seguramente vio algo estupendo, pues tiró el jarro al suelo y el balde en el pozo, y de un salto se encerró y se atrancó en el rancho.

Jacinto se alejó, sabiendo ya que el poncho de vicuña era prenda de inestimable valor, pues al ponérselo en los hombros, quedaba uno invisible.

Para probar mejor y de un modo más práctico su virtud, se fue de un galope hasta la pulpería próxima, donde todavía había mucha gente, y sin quitárselo entró en el despacho. Fue como si no hubiera entrado nadie; pues ninguno le hizo caso, ni lo miró, ni le habló. Por la puerta interior pasó hasta el mostrador, vació el cajón, llenándose el tirador con el dinero en presencia del patrón y de los mozos que ni siquiera se movieron; y, sin que un perro ladrara ni lo detuviera nadie, volvió al palenque, desató su caballo y se fue al tranco.

Y empezó a dar rienda suelta a sus malos instintos hasta entonces sofrenados por el temor al castigo. Pareciéndole asegurada la más completa impunidad, se volvió Jacinto terrible azote para toda la comarca.

Robó de puro gusto, sin necesidad; mató familias enteras con el único objeto de burlarse de los desesperados esfuerzos de la policía para dar con los asesinos. Amanecían quemadas en una sola noche tres o cuatro casas en la vecindad, quedando los negociantes arruinados y las familias sin hogar; el estanciero encontraba en los galpones muertos sus animales más finos, desjarretado su mejor toro, malamente herido algún parejero de valor.

Todos acudían a la policía, acusándola de negligencia y hasta de complicidad. Contaban horrores de lo que pasaba, refinamientos de crueldad hacia cristianos y animales, como si una bandada de tigres se estuviera cebando en esos pagos.

Y, todo, sin que nadie pudiera dar el dato más vago sobre la filiación de alguno de los bandidos que tantas tropelías cometían, ni siquiera el menor indicio que pudiera facilitar en algo las indagaciones.

Uno solo pudo decir algo; fue el puestero a quien Jacinto una tarde había pedido un jarro de agua, desapareciendo súbitamente de su vista, al ponerse en los hombros un poncho de vicuña que llevaba en el brazo. Pero, por supuesto, al oír el cuento todos se echaron a reír y lo trataron de loco.

Pasaron algunos días, un siglo para los vecinos aterrorizados, sucediéndose las desgracias repentinas como en tiempo de las más sangrientas guerras, llenándose la campaña de ruinas y de lutos.

Por suerte, ya tocaban a su fin las hazañas del extraño malhechor.

Estando por vencer el término fijado por el padre para la vuelta, pensó Jacinto que mucho más seguro sería quedarse con el poncho maravilloso que devolverlo al viejo para que lo probasen sus hermanos; y aunque tuviera la convicción de haberlo utilizado como ninguno de ellos sería seguramente capaz de hacerlo, mejor le pareció no arriesgar la parada y guardárselo.

Y el mismo día en que hubiera debido volver a casa del padre, se fue con la manta puesta a una gran pulpería, donde siempre se solía juntar mucha gente, quedándose allí sin que nadie lo viera, en espera del momento en que sin peligro podría renovar su provisión de pesos.

Iban a dar las tres, hora en que había salido con el poncho una semana antes, y el juego estaba en su apogeo, cuando entró el puestero que lo había visto desaparecer de tan misteriosa suerte al ponerse la manta.

Jacinto, al ver a este hombre, el único que pudiera conocerlo si se le antojara quitarse el poncho y volverse visible, sintió irresistible deseo de deshacerse de él, y abalanzándose, cuchillo en mano, le tiró un terrible puntazo. Por suerte, el puestero, interpelado en ese mismo momento por un amigo, se daba vuelta, de modo que solo recibió la puñalada en el brazo. Gritó, al sentirse herido; al mismo tiempo, daban las tres, y Jacinto no pudo renovar la embestida, embargados que fueron sus movimientos en los pliegues del poncho, arrancado con violencia inaudita de sus hombros por una mano invisible, sin que lo pudiera detener más que un ratito; pero este rato fue lo suficiente para que la concurrencia viese desaparecer por los aires la prenda maravillosa; y quedó él, azorado, a la vista de todos, con el cuchillo ensangrentado en la mano, sin fuerza para usarlo.

El puestero herido ya lo había conocido y denunciado en un grito de terror; y todos bien convencidos esta vez de que el pobre no era loco, y de que tenían por fin agarrado al tigre asolador de la comarca, lo mataron a puñaladas.

Mientras la historia del poncho de vicuña se difundía con mil comentarios en toda la campaña, la prenda mágica había vuelto sola a manos de su dueño. El viejo comprendió que su hijo mayor había malogrado su suerte y dejándose de quejas inútiles y de advertencias contraproducentes, entregó la manta a su segundo hijo, Honorio.

Este salió, ignorando, lo mismo que Jacinto, la virtud del poncho de vicuña; pero lo mismo que él, pronto pudo conocerla por la observación de algunos detalles que le llamaron la atención. Había salido con tropilla, llevando el poncho en el brazo, y los animales iban perfectamente arreados. Cuando refrescó, se puso el poncho y la tropilla empezó a darle mucho trabajo, pues era como si los caballos no le hubieran hecho caso. Dejando maneada la yegua y la tropilla arrollada, se dirigió hasta una casa de negocio situada como a diez cuadras; y por el camino se fijó en que los teruteros, aunque casi los pisase, no se levantaban, ni le gritaban; que de una majada que estaba allí paciendo, no se movió ni una sola oveja cuando pasó, y que ni los mismos perros le hacían caso, pues ni uno de ellos ladró cuando llegó.

Algo sorprendido, se apeó en el palenque y ató el caballo, mezclándose con la gente que allí estaba.

Había varios conocidos de él; pero vio que ninguno lo miraba, ni le hablaba, lo que le pareció por demás singular. Empezó a sospechar que la manta de vicuña, celosamente conservada por su padre, tendría alguna virtud desconocida, y saliendo al patio, se la quitó, para ver. Los perros, en el acto, empezaron a ladrar; dos o tres gauchos miraron quién llegaba; uno de ellos lo conoció y lo saludó, y todas estas circunstancias casi le quitaron las dudas que aún le quedaban sobre el valor de la prenda.

Para quedar del todo seguro de la suerte que le había tocado, aprovechó un momento en que nadie lo miraba para volverse a poner el poncho; y aproximándose a un grupo de gauchos que jugaban a la taba, perfectamente conoció que ninguno de ellos lo veía; a tal punto que, colocándose por detrás del que iba a tirar y que estaba haciendo saltar al aire la taba, se la cazó de un manotón; se quedaron todos asombrados, y si la buscaron en el suelo, fue solo con la esperanza de convencerse, encontrándola, de que no eran víctimas de una brujería.

Honorio quedó quizá tan asombrado como los demás, pero loco de contento al pensar en el inmenso poder que le había caído en suerte.

Buen muchacho, pero de poco alcance, no pensó por supuesto, ni por un momento, sino en el provecho propio que de él podía sacar.

No tenía, por suerte, los instintos perversos de su hermano Jacinto y ni pensó en crímenes, pues no era de aquellos a quienes el poder vuelve tiranos, pero tampoco pensó en hacer bien a nadie más que a sí mismo. Era haragán y vividor, y aprovechó la ocasión para vivir bien y de arriba; para él hubo ya siempre y en todas partes buenas camas y abundante comida, cigarros finos y copas de lo mejor. Penetraba en cualquier casa como en la propia, tomaba lo que quería y se mandaba mudar sin que nadie lo pudiera ver. No abusaba, por lo demás, porque no era malo, contentándose con quitar a algún rico algo de lo que le sobraba, sin perjudicar nunca a la gente pobre.

En ocho días se puso gordo; pero cuando se trató de cumplir con lo prometido y de volver a la casa paterna para entregar a su dueño el poncho de vicuña, no se pudo conformar. Dejó pasar medio día, vacilando; y en el mismo momento en que ya tomaba la resolución de guardárselo, y de mandarse mudar con él, una fuerza irresistible se lo arrancó tan violentamente, que su caballo se encabritó, mientras que caía en el suelo su sombrero y casi se caía él también. Por suerte, andaba solo por el campo en aquel momento y nadie lo vio, pero quedó muy desconsolado.

Tuvo que trabajar, el pobre, para comer; adiós vida fácil y sin riesgo, a costillas ajenas; adiós los cigarros de a veinte y las copas de lo mejor, de arriba; y sin el recurso siquiera de ir a descansar por temporadas a la casa del viejo, ante quien ya no hubiera tenido la osadía de presentarse, se tuvo que conchabar de peón en una estancia.

El viejo quedó bastante triste al ver volver a su poder el poncho de vicuña sin que se lo trajese nadie. Comprendió que tampoco era digno de llevar semejante prenda su segundo hijo, y llamando al último, Ignacio, muchacho de veinte años, se la entregó, recomendándole bien de hacer de ella un uso prudente, y de traérsela otra vez a los ocho días.

El joven se fue con el montado únicamente; iba sin entusiasmo, nada más que para hacerle el gusto al padre, quien, a pesar de quedarse solo y enfermo, así se lo ordenaba.

Más que recelo, temor experimentaba, al ver confiado a sus manos este poncho de vicuña que sus hermanos habían llevado, uno tras otro, y que había vuelto misteriosamente al poder de su dueño, sin que ninguno de ellos se lo hubiera traído. ¿Qué secreto, qué virtud —trágica quizá—, encerraría en sus pliegues? ¿Habrían muerto ellos? ¿Por qué, de qué modo habían desaparecido?

Era tarde cuando salió, y la noche lo agarró a poca distancia de la casa paterna. Sintiéndose sin ganas de comer, ni menos de conversar con nadie, tendió su recado entre dos cortaderas altas que le brindaron a la vez colchón blando y confortable reparo, y envolviéndose en la manta se acostó.

No podía conciliar el sueño, preocupado como estaba, y mirando las estrellas pestañear y escuchando las mil voces nocturnas de la pampa, pensaba en los peligros que quizá le valdría la posesión de la temible prenda.

La noche se había vuelto muy oscura, cuando de repente oyó un rumor de arreo que se iba acercando al sitio donde había tendido la cama. Lo que en seguida extrañó era que parecía venir el arreo sin ese clamoreo peculiar que siempre, siquiera a ratos, tiene que acompañar la marcha de los animales para avivarla, enderezar algún porfiado, o apurar un rezagado, y hace que los habitantes de los ranchos cercanos entretenidos en tomar mate, mientras chisporrotea el asado, enderecen las caras iluminadas por la llama rojiza del fogón, y digan, estirando los pescuezos:

—Está pasando una tropa.

La tropa que estaba viniendo, apurada sin ruido de voces, solo hacia retumbar el suelo con su pisoteo. Sintió Ignacio que pasaba cerquita de él; que eran ovejas, unas quinientas, más o menos, por el bulto, y que los tres hombres que las arreaban, dejándolas resollar un momento, se apeaban a un metro apenas de donde estaba él acostado. Extrañaba que no les hubiera llamado la atención la presencia de su caballo, atado entre las pajas, y sintió bastante inquietud al verse tan cerca de tres desconocidos, de ocupación tan sospechosa.

Pronto su inquietud aumentó al oír la conversación de estos hombres.

—Vamos bien —dijo uno—; antes de que aclare estaremos en mi campo.

Ignacio quedó frío al conocer esta voz por la de un estanciero que gozaba de consideración y en casa de quien él había trabajado muchas veces,

—¿De qué te ríes, Antonio? —agregó.

—De la cara de don Salustiano, cuando vea que le faltan una punta de animales —contestó Antonio.

Ignacio prestó mayor atención todavía: Antonio era conocido suyo, y don Salustiano era muy querido de su padre, por deberle éste mil servicios; se prometió probarle en esta ocasión su gratitud, pero, al mismo tiempo, aunque no fuera cobarde, temblaba de caer en manos de los tres bandidos que tan cerca de él estaban que casi lo tocaban, y que, seguramente, de conocer su presencia, no lo dejan con vida.

En este mismo momento, uno de ellos, de repente, prendió un fósforo y encendió un cigarro, permitiendo esta luz viva ver a los cuatro, tan juntos que cualquiera hubiera podido creer que juntos estuviesen conversando, los tres bandidos y el joven.

Este, primero se creyó perdido, pero no se movió y los miraba ardientemente, extrañando sobremanera que ninguno de ellos fijase en él la vista.

Y habiendo relucido otro fósforo, con el mismo resultado, empezó a sentirse como protegido de algún modo sobrenatural.

Aprovechando la oscuridad, se puso de pie, despacio, con el cuchillo en la mano y esperó. Seguían ellos conversando y fumando, y otro fósforo crepitó. Estaba él en plena luz y asimismo se dio cuenta de que ninguno de ellos, aunque vueltos los tres hacia él, lo podía ver. Cruzó entonces por su mente la maravillosa verdad de que la manta puesta sobre sus hombros lo hacía invisible, y para comprobarlo, dispuesto, si no fuera cierto, a cualquier trance, tosió fuerte y, a su vez, prendió un fósforo.

Y esto bastó para que en menos de un segundo, de los tres cómplices no quedase ni rastro. ¡Volaron!, dejando ahí no más las ovejas, más asustados que si esa tos y ese fósforo hubieran sido un relámpago con trueno. Ignacio, tranquilamente, volvió a ensillar, y solo, despacio, haciendo revolear el poncho, arreó las ovejas hasta el campo de don Salustiano, donde llegó a la madrugada. Allí las dejó, y sin darse a ver, se fue.

Entró en una pulpería, con la manta en el brazo, y después de un frugal almuerzo, se fue a dormir la siesta bajo los árboles, bien envuelto en su poncho, para que lo dejaran tranquilo.

Lo despertó el ruido de una reyerta, y sin quitarse el poncho, para que no lo pudieran ver, se acercó a los que estaban peleando. Un gaucho, a quien todos conocían por malo, armado de un facón de una vara de largo, apuraba a un infeliz, ebrio, incapaz, en ese estado, de defenderse con el cuchillo relativamente corto que llevaba. El gaucho malo estaba jugando con él, como el gato con una laucha, y ya le iba a dar el golpe fatal, sin que ninguno de los que le formaban rueda se atreviera a interponerse, cuando, con el ruido seco de un golpe, saltó por el aire el facón medio quebrado, yendo a caer en una pipa de agua de lluvia, puesta de aljibe en la esquina de la casa.

La figura del matón tan lindamente desarmado no se puede describir. Su contrario, sin pedir más, se fue, bamboleando, a esconder, pero los otros gauchos allí presentes no pudieron contener la risa, mientras el matrero, con mil esfuerzos, pescaba en la pipa al compañero de sus cobardes hazañas. Y entre las risas sonaba como campana alegre una carcajada juvenil que parecía salir a la vez de todas partes y de ninguna. Enfurecido el gaucho, habiendo recuperado su facón, quiso vengarse de las burlas que se le hacían y se abalanzó sobre el que le pareció más débil y flojo. Pero, sin que nadie viera quién los daba, retumbaron en este momento, en sus espaldas, unos rebencazos tan bien aplicados, que, soltando el arma, se fue a guarecer en la cocina, como si lloviera.

Aseguran que fue la última vez que sacó a relucir la daga y que, en las reuniones, no hubo, desde entonces, gaucho más manso.

Ese mismo día, Ignacio, al ver que un jugador usaba taba cargada, se la cambió por otra, cargada al revés, sin que lo pudiera sospechar, aprovechando para ello una parada más fuerte, ella sola, que todas las anteriores juntas; y pudo gozar a su gusto del enojo del ladrón robado.

Y empezó a comprender que el poderoso, con solo quererlo, puede deshacer muchos entuertos y producir muchos bienes.

Un día pasó por un pueblo, parándose en varias casas de negocio, y tanto oyó hablar de las autoridades, que pensó que si fuera cierto la mitad de lo que se decía de ellas, podrían ir a parar todas, con gran ventaja para el vecindario, a la penitenciaría. Fue, con el poncho puesto, a dar un paseo por las oficinas; y pudo ver al comisario dando orden de traerle preso, porque sí, a un gaucho que cuidaba demasiado de cierta hacienda que le habían confiado y que codiciaba el juez de paz. Este se ocupaba en preparar una guía que permitiera a su gente llevar sin peligro a otra parte esta misma hacienda. El intendente estaba preparando de antemano la lista de los conscriptos que debían salir «sorteados» el domingo siguiente, y el recaudador redactaba oficios amenazadores, imponiendo multas tremendas e injustas a los contribuyentes sin defensa; y del más pequeño al más encumbrado de estos encargados del bien público, no había uno solo que no estuviera empeñado en robar dinero o hacienda, en falsear votos, en falsificar documentos, en abusar de su autoridad, en cometer, por fin, y con perfecta inconciencia, por lo demás, los delitos más viles.

Se divirtió Ignacio en descomponerles los planes, haciéndoles mil diabluras. La policía, de repente, quedó a pie, con todos los caballos perdidos, robados o mancos. El juez de paz, inducido en error por un aviso misterioso, fue a caer con una hacienda robada en una celada, que le valió un escándalo terrible, y quedó el hombre arruinado por lo que tuvo que pagar.

De la caja del recaudador desapareció el importe de las multas mal cobradas, recuperándolo —nunca supieron cómo— los perjudicados; y las listas de sorteados del intendente se perdieron en el mismo momento del sorteo.

Y tantas cosas por el estilo pasaron, que ya, ni por plata, se hubiera atrevido un empleado a faltar a su deber, ni que se lo hubiera ordenado un superior.

Cuando, a los ocho días, con el sentimiento de dejar todavía mucho malo por enderezar, mucho bien por hacer, volvió a la casa paterna, él, que tan bien había sabido utilizar el poncho de vicuña, no traía plata, ni había engordado; pero encontró suficiente recompensa en la bendición que le dio su padre.

Y juntos, resolvieron quemar el poncho de vicuña, pensando que las tinieblas siempre más fomentan el crimen que la virtud, y que el bien no debe tener recelo a la luz del día.

Pulpería modelo

Hacía mucha falta un boliche en aquellos pagos, pues era todo un trabajo para las numerosas familias allí establecidas, ir a más de veinte leguas a buscar los vicios; pero toda esa gente era tan pobre, que ningún comerciante se había atrevido a establecerse entre ella. Parecía que más bien le tenían miedo, lo que se comprende, pues todos eran vagos, intrusos, desertores, gauchos malos, boleadores, sin más hacienda que la tropilla ni más recurso que el aleatorio producto de la caza.

Dos o tres veces había caído entre ellos un galleguito mercachifle, con su carro lleno de mercaderías y se las había cambiado por pluma de avestruz, cerda, cueros de venado y de nutria, algunos de tigre y uno que otro quillango de guanaco, haciendo, en resumidas cuentas, puras pichinchas, pero no se sentía muy seguro entre tantos diablos y no había vuelto más.

Y fue muy grande el regocijo de todos al saber que del día a la noche, y sin que se supiera muy bien cómo, se había levantado cerca del Médano de los Leones un boliche regularmente surtido, cuyo dueño, que decía llamarse don Eufemio, era extranjero —lo que de sobra se conocía por su modo de hablar—, y parecía muy buen hombre.

No tardó la noticia en cundir de rancho en toldo, de toldo en cueva, y apenas amaneció, ya se amontonaron los caballos en el palenque, como paja voladora en un hueco, y, en el mostrador, los gauchos.

Causaba cierta admiración —y no la disimulaban todos— esta casa tan bien construida, con sus buenas paredes de barro bien revocadas, su techo de hierro, sus estantes llenos de toda clase de mercaderías, sin que nadie la hubiera visto edificar, sin que nadie hubiera encontrado o divisado los carros

que habían traído la carga, sin que un peón siquiera hubiera sido concha-
bado en el pago para cortar la paja o pisar el barro.

—¡Cosa bárbara! —dijo uno, con jeta de recelo.

—Cállate —le contestó otro—; mejor es no relinchar cuando se desconoce
la querencia.

—¿No será brujo el don Eufemio ese?

—Andá, che; preguntáselo.

Y no dejaban de mirarlo todos con bastante desconfianza. Pero lo que
menos tenía el hombre era cara de brujo.

Rechoncho, colorado, risueño, amable, don Eufemio era todo el tipo del
pulpero de profesión y nada más. No parecía que hubiera nada que no fuese
natural en su modo de ser. Despachaba con actividad y destreza todo lo que
se le pedía, y a pesar de estar solo en el mostrador, detrás de la reja que lo
separaba de los clientes, para todo se daba maña.

Ninguno, ese día, se atrevió a pedirle fiado; no hay que atropellar para
que el pingo pare a mano; además, todos tenían plata, pues hacía tiempo
que no venía ningún mercachifle; ni un panadero siquiera. Solo dos o tres
gauchos trataron de aprovechar el momento en que don Eufemio, muy
atareado, atendía a otros, para... olvidarse de pagar el gasto, deslizándose
discretamente y sin llamar la atención. Pero dio la casualidad que en el mo-
mento de pisar el umbral no podían resistir las ganas de mirar a don Eufemio,
y como si una mirada atrajese la otra, se encontraban con su ojito risueño
y burlón fijo en los suyos, de tal modo penetrante, que ya bajando la vista,
tartamudeaban una excusa:

—Caramba, me iba sin pagar.

O pedían:

—Déme otra copa.

Y mansitos, se volvían a acercar al mostrador con la platita en la mano.

Uno quiso hacerse el fuerte, y aunque medio turbado por la mirada aguda
y socarrona del pulpero, se apartó con decisión del mostrador, dispuesto a
irse; pero había un clavo que salía de las tablas —¡todo había sido hecho tan
de prisa!— y se agarró tan mal el chiripá, que al dar un paso se le rajó desde
arriba abajo. Se tuvo que quedar a la fuerza hasta componerlo, mal que mal,
y bastó esto para que le volviera la memoria y pagase lo que debía.

Otro que lo pensaba imitar estaba, como quien no quiere la cosa, recostado contra la puerta, listo para escabullirse. Pero cuando quiso, no se pudo despegar; había una mancha de alquitrán en la puerta, y de tal modo se le había pegado la blusa, que tuvo que venir en su auxilio el mismo don Eufemio, a quien en seguida abonó el gasto.

También disparó un caballo ensillado, dejando a pie al amo, y solo se paró y se dejó agarrar cuando se hubo acordado éste de pagar lo que había comprado.

¡Hombre confiado, por demás, don Eufemio y fácil, al parecer, de engañar! Como no tenía dependiente —decía que no le alcanzaba el negocio para tanto—, tenía, muchas veces, que dejar al cliente solo en el despacho, mientras iba a la trastienda a sacar el vino o la galleta que le habían pedido; y ya que la reja no llegaba hasta donde estaba la tienda, muy bien le hubieran podido robar algún poncho o alguna pieza de género. Pero dicen —cosa difícil de creer entre semejante vecindario de bandoleros y de matreros— que nunca le faltó nada.

Una vez, es cierto, quiso un gaucho llevarse una docena de medias que habían quedado en el mostrador, pero en el momento en que las iba a esconder bajo el poncho, se le habían escapado de las manos, desparramándose en el suelo las veinticuatro como maíz frito, y como justamente volvía don Eufemio de la trastienda, le ayudó a levantarlas, contestando con indulgente sonrisa a las disculpas que le daba:

—No es nada, hombre, no es nada.

Otro día, sin mala intención —distracción no más—, se le iba un cliente con tres tiradores cinchados debajo de la blusa, cuando de repente volvió don Eufemio y vio que el pobre se ponía pálido como el bramante de los estantes. Le preguntó cariñosamente lo que tenía, y como el otro no sabía lo que era o no lo podía decir, le hizo sentarse, y antes que se desmayara del todo, le desprendió —y era tiempo— los tres tiradores que le estaban apretando más y más.

—Pero, mire, ¡qué ocurrencia! —dijo don Eufemio—; para hacerse el buen mozo, ¿no?

Y haciéndole tomar un vaso de agua con anís, para que se compusiera, lo despidió con buenas palabras y volvió a colgar del techo los tres tiradores.

Puede ser que otros hechos por el estilo le hayan sucedido, en otras ocasiones, pero no han de haber sido muy frecuentes, pues ni él se quejó nunca de que le hubiesen llevado nada, ni tampoco lo contaron los vecinos.

Es cierto que, en general, son casos que más bien suceden cuando no hay gente indiscreta. Una vez, sin embargo, le pasó a uno un chasco bastante lindo para quitarle por un tiempo las ganas de hacerse el gracioso. En un, descuido de don Eufemio —había ese día mucha gente en la casa—, un gaucho se cazó un magnífico chambergo. Salió al patio; se lo probó, y como le iba a las mil maravillas, tiró el viejo que, por los agujeros que tenía, parecía espumadera, y volvió al mostrador. Apenas hubo entrado, todos lo miraron asombrados; él no sabía por qué y se les iba a enojar, cuando de repente el sombrero se le entró hasta taparle toda la cara; llevaba la prenda un letrero con estas palabras: «Este sombrero no es mío».

La carcajada fue general.

—¡Bien se ve que no es tuyo! —decían todos.

—¿Será el de tu abuelo?

—¡Pues, amigo, los eliges grandes!

El pobre mozo, enceguecido, se debatía, sin podérselo quitar, y tuvo don Eufemio que acudir en su ayuda, volviéndole a poner en la cabeza el viejo compañero grasiento que, con tanta ingratitud, había tirado.

Fuera de estos pequeños incidentes sin importancia, andaba muy bien, al parecer, la pulpería de don Eufemio. La verdad es que el hombre no podía ser más simpático. Fiaba con mucha facilidad, no a todos, por supuesto, pero a todos los que se lo venían a pedir con intención de pagarle. Parecía que adivinaba, con solo mirarlos, quiénes eran los buenos y quiénes eran los pícaros. Debía de tener mucho tino ese hombre, pues nunca, nunca, se equivocó. Y, cosa rara, bastaba que hubiera fiado a algún pobre que no tuviera con qué caerse muerto para que toda clase de buenas suertes le cayeran encima, poniéndolo pronto en condiciones de saldar su deuda.

También hay que decir que, a sus clientes, don Eufemio siempre pagaba muy buen precio por los frutos que le traían; nadie les hubiera pagado más, sin contar que su balanza no era de esas que tiene secreto para aumentar el peso de la galleta o de la hierba que se entrega y mermar el de los frutos que se reciben. Era costumbre de él pesar no solamente lo justo sino con liberalidad, y no tenía la balanza de su mostrador, como la de tantas casas, una pesita en permanencia en uno de los platillos; no, y los dos platillos, bien iguales, bien limpios y vacíos, se balanceaban a la vista de todos, al menor soplo de viento.

A pesar de ser el vecindario tan mal compuesto, y de ser frecuentes las reuniones en la pulpería de don Eufemio, raras veces había peleas importantes y nunca se oyó decir que hubiera tenido que intervenir la policía ni tampoco que hubiera habido muertes. Sin embargo, había, entre todos estos gauchos, cada borracho que daba miedo, matones que eran verdaderas fieras. Pues, en medio de los peores barullos, se metía don Eufemio, sonriente siempre, sereno, llamándolos al orden, despacio, con buenas palabras, y cuando se hubiera podido creer que el mundo se venía abajo, que todos los cuchillos y facones relucían amenazadores, acababa todo en pura gritería, sin que se vertiese una gota de sangre. A veces, había tajos, y bien dados, que parecía que iban a dejar a uno finado y al otro... desgraciado, pero nunca, por singular suerte, pasaban de hacer la ropa trizas.

Una sola vez don Eufemio corrió gran peligro. Quería separar a dos gauchos enfurecidos; con su modito de siempre, se les acercó, levantando las manos para detener los facones que ya chirriaban con rabia; pero eran ambos gauchos de mala ralea, y sin darle tiempo para nada le atracó uno una terrible puñalada, mientras el otro le disparaba a quemarropa dos tiros de revólver. Fue un grito en la concurrencia; lo creyeron muerto a don Eufemio, y como todos lo querían mucho, hubo un momento de cruel ansiedad. Por suerte..., o por quién sabe qué, no había nada. El gaucho de la puñalada estaba forcejeando para desclavar el facón, entrado hasta la S en una tabla del mostrador, y el de los tiros contemplaba con asombro sin igual las dos balas hechas unas obleas en la palma de su mano y también el cañón del revólver hecho una viruta.

Los gritos de terror se resolvieron en carcajadas y todos los presentes armaron a los dos guapos un titeo de mi flor con el cual se tuvieron que conformar, reconciliándose.

Don Eufemio nunca pensó en prohibir en su casa los juegos de azar. No había casi peligro, en pago tan apartado, de que vinieran a menudo comisiones de policía, y dejaba que se pelasen al choclón, a la taba, a lo que quisieran. De todos modos, para él era lo mismo, ya que toda la plata, poco a poco, tendría que venir al cajón. Pero, contó, muchos años después, un gaucho que solía, en estas reuniones, hacer de coimero, que siempre, después de jugar mucho, y pasar por las peripecias más conmovedoras, cada uno se retiraba sin haber perdido ni ganado un centavo. ¿Cómo sería esto? No lo podía explicar, pero así era, y no una vez lo había podido comprobar, sino cien veces, mil.

¡Vaya!, ¡vaya!, ¡qué cosa!, y lo bueno es que el más borracho tampoco quedaba mal en la pulpería de don Eufemio. Las bebidas serían de muy buena calidad, pues por mucho que tomara uno, nunca quedaba enfermo: cantaba, se enojaba, metía bochinche, pero pronto se le pasaba y quedaba tan fresco como antes.

A pesar de su liberalidad y de su honradez, don Eufemio prosperaba; hacía fortuna, esto se conocía a la legua. El surtido, cada vez mayor; una cantidad enorme de libretas, pues era preciso ser más que ruin para no conseguir de él un fiadito; las mejoras en la casa, todo claramente indicaba que era sólida la firma, cuando ya se dieron a conocer señales de que esos campos hasta entonces incultos, pronto iban a ser entregados a la agricultura. Habían venido agrimensores a medir lotes, lotes grandes, a la verdad, pero que ya iban a dejar cortada y recortada la inmensidad pampeana, poniendo fin a la vida casi nómada de los boleadores, matreros y demás que la poblaban, y don Eufemio, desde entonces, empezó a aconsejar a todos que trataran de arreglarse con los nuevos dueños de tanto campo, para conseguir un lote —pues los venderían con muchas facilidades de pago—, y dedicarse a una vida más tranquila, más laboriosa y también más provechosa. Prometió ayudar a quienes no alcanzaban los medios, e hizo venir un gran surtido de todos esos artículos que necesitan los colonos para establecerse, empezar los trabajos y sostenerse también hasta la cosecha.

Muchos gauchos encontraron que tenía razón don Eufemio y siguieron sus consejos; a éstos les daba fiado todo lo que le pedían: ropa, provisiones, arados y les adelantaba también algunos pesos. No faltó gente que dijera que pronto se iba a fundir don Eufemio con tanta generosidad, pero, al fin y al cabo, él era dueño. Los que así hablaban eran, en general, los que teniendo pocas ganas de empuñar la mancera del arado, pensaban en retirarse más afuera, donde todavía por un tiempo iban a quedar holgados los hombres gauchos y los avestruces; y tanto más les parecía que se iba a fundir don Eufemio cuanto que a ellos, con su tino habitual, les había cortado ya la libreta, diciéndoles que pensaba liquidar.

Y efectivamente liquidó don Eufemio, y del modo más inesperado que dar se puede. Un día, cuando ya estaba asegurada la primera cosecha, y que gracias a su ayuda se podrían considerar ricos los vagos de antaño que habían querido trabajar, amaneció el Médano de los Leones sin boliche ni nada que pudiera hacer acordar que allí hubiera existido nunca una casa de negocio.

—Habrá quebrado y se ha fugado —dijeron los vagos que ya aprontaban las tropillas para mandarse mudar a otros pagos.

—Habría venido solo a abrirnos el buen camino —dijeron los otros, los laboriosos.

Y acordándose éstos de todo lo que para ellos había hecho don Eufemio, conservaron hacia él un profundo sentimiento de tierna gratitud.

Siempre esperaban, por lo demás, que vendría, algún día, a cobrar lo que se le debía y no había uno solo que no tuviera lista, en algún rincón, la cantidad que, ese día, le tocaría pagar.

Pues, señor, nunca vino don Eufemio a cobrar, nunca, jamás, dando así prueba suprema de haber sido un pulpero modelo.

El sobrante

Es algo difícil, muchas veces, hacer con absoluta exactitud una mensura grande en la pampa inmensa y despoblada; y no tenía nada de particular que en la mensura de quinientas leguas cuadradas hecha por orden del superior gobierno, hubiera señalado el agrimensor, al rematar su trabajo, un pequeño sobrante de mil metros de frente a un arroyito por dos mil de fondo.

Doscientas hectáreas, poca cosa en esa inmensidad donde abundan propiedades de diez y de veinte leguas; pero área tentadora para un pobre gaucho como Ciriaco, que, siempre vagando y changando por el campo, nunca había podido edificar un rancho estable para la familia. Cuando muchacho, había servido en la frontera; había peleado contra los indios y pasado mil miserias, contribuyendo a asegurar al país la posesión tranquila de las fértiles regiones que hoy se iban a repartir; había trabajado muchos años de peón, de baqueano, de tropero, ganándose escasamente la vida y la de sus hijos, y cuando, por la mensura en la cual lo habían ocupado en llevar jalones, vio que sobraba ese lote, juró que de él iba a ser, y de nadie más, pensando que bien lo tenía merecido.

El lotecito era lindo, con su frente de mil metros a un arroyito cantor y sus dos mil de fondo, con su pastizal mixturado de trébol de olor y cola de zorro, de altamisa y de gramilla. Ciriaco, sin perder un día, fue en busca de la familia, y trajo a la vez sus escasos animales, los cuatro trastos y algunos tirantes. Eligió un sitio alto, paró el toldo y se encontró como un rey. No habiendo vecinos, abundaba el campo, y su pequeña majada y sus pocas vacas prosperaron tanto que, en muy pocos años, tenía hacienda para poblar mucho más que el sobrante.

Pero no hay felicidad que dure toda la vida. A medida que los dueños iban ocupando sus campos, hacían desalojar las familias en ellos establecidas, y cuando se supo que el campo donde había poblado Ciriaco era del Estado, muchos pensaron que, lo mismo que él, bien podían establecerse allí. Cada cual busca su alivio, y como nunca falta gente para aprovechar lo que no es de nadie, y como Ciriaco no tenía títulos, pronto hubiera podido haber doscientos ranchos en las doscientas hectáreas.

Varios intrusos habían instalado ya sus toldos, y como no tenían en qué caerse muertos, no había duda que pronto se iban a mantener de la haciendita de Ciriaco, lo que muy poco gracia le hacía, cuando le aconsejó a su mujer que fuese a contar el caso a un tío que ella tenía, bastante distante de allí, y que, según aseguraba, era muy diablo para ciertas cosas. No decía que fuese brujo, ni había motivo para que nadie pensara semejante cosa; pero tenía a su disposición —de esto no cabía duda— medios insólitos y muy particulares de manejar a la gente y de hacerla hacer lo que él quería, a las buenas o a las malas.

Salió Ciriaco en busca del tío, y después de mucho galopar dio con él.

El viejo lo recibió muy bien, se enteró del asunto, lo pensó dos o tres días, y por fin entregó a Ciriaco cuatro estaquitas de una madera muy dura y desconocida, diciéndole que las plantara en los cuatro esquineros del sobrante, enterrándolas bastante para que nadie las descubriese. Ciriaco llegó de noche a su rancho, y en seguida fue, con todo sigilo, a plantar sus estaquitas, bien enterradas, cerquita de los mismos mojones colocados por el agrimensor.

Muchos eran los que, en su ausencia, habían venido a poblar, y cuando amaneció, vio Ciriaco, con asombro, el campo lleno de ranchos en todas partes, muchos de ellos con su respectiva majada; tanto que ya no había sitio para su hacienda y que era epidemia segura para el próximo invierno. Otros pobladores no tenían más que la tropilla, y éstos, por supuesto, eran los peores vecinos, porque también tenían que comer, y para comer, había que carnear.

Ciriaco estaba muy desalentado, pero su mujer le infundió ánimo, asegurándole que se podía tener confianza en las estaquitas del tío, y que no tardarían en producir su efecto.

En un rincón del sobrante había cavado su cueva un matrero conocido; en ese momento estaba ensillando, y al rato lo vieron llegar al palenque, preguntando si no habían visto su tropilla. Ciriaco pataleaba de ganas de preguntarle cuánto pagaba de arrendamiento, pero hubiera sido fácil la respuesta y se contuvo, contestándole, no más, que no la había visto. Y el otro se fue a campear.

Se venía, mientras tanto, acercando al sobrante todo un arreo; arreo de pobre, por cierto, pero no por eso menos amenazador: un carrito lleno de muebles y de cachivaches, guiado por un mozo robusto, con cara de pocos amigos, armado de un gran facón y con revólver en el cinto; dos mujeres venían sentadas entre la carga; seguía una manada numerosa como para talar en dos días las doscientas hectáreas, conducida por un viejo y dos muchachos, hombrecitos ya; y por detrás arreaban una majada y algunas lecheras otros tres gauchos.

—...¡Y las estacas de tu tío, che!, ¿qué hacen?

—Esperáte, hijo; hay que darles tiempo —contestó ella.

Desdeñosamente se sonreía Ciriaco y seguía mirando. Pero cuando llegó el carro justito a la línea del sobrante, se le cortó la cincha al caballo de varas, y antes que nadie lo hubiese podido remediar, se empinó el carro, volcando con estrépito en el pasto la mitad de su carga, muebles y mujeres, todo revuelto. ¡Un susto jefe! Como pudieron, compusieron las cosas con la ayuda de los que venían arreando los animales; pero habiendo quedado éstos solo con dos muchachos para cuidarlos, aprovecharon la ocasión, la majada para mixturarse con la de otro poblador del sobrante y las yeguas para disparar para la querencia. Vuelto a cargar el carro, quisieron hacerlo entrar en el campo para llegar al sitio que de antemano habían señalado para establecerse, pero no les fue posible: se empacó el caballo de tal modo, que no hubo forma de hacerle dar un caso; lo castigaron: se desprendió la huasca del látigo; le metieron cuarta: se cortó el lazo tres veces; ataron dos laderos: se les resbalaba el recado, o se cortaba la cincha, o no quería tirar, y todo, todo fue inútil; no pudieron pasar la línea del campo; tuvieron que desensillar allí mismo y acampar a dos cuadras de lo que habían creído ser el término de su viaje.

De los compañeros, habían vuelto algunos sobre sus pasos, en busca de la hacienda perdida, mientras que los otros se ocupaban en apartar la majada mixturada.

Ciriaco ya no renegaba; gozaba, y le decía la mujer:

—No ves si serán buenas las estaquitas de mi tío. ¡Si nunca ha salido chiflado el viejo con sus cosas!

Con todo, era muy incómodo cuidar los intereses en medio de tanta población; había que estar siempre pastoreando las ovejas para evitar mixturas, a pesar de aprovechar lo más posible los campos linderos, aún apenas poblados, y Ciriaco pensaba que si algo era que no pudiese entrar más gente en el sobrante, mejor hubiera sido ver también salir de una vez a los que en él estaban.

—Paciencia —le decía su mujer—, que así ha de ser.

Pasaron algunos días; el matrero de la tropilla extraviada no había vuelto; los que habían ido a traer otra vez la yeguada, tampoco; los del carro allí estaban, esperando no se sabe bien qué, y los que cuidaban la majada no la dejaban ni un rato, temiendo otro entrevero. Empezó entonces a llover y llovió tanto, que todos los bajos se anegaron, quedando inundados los ranchos, menos el de Ciriaco, el único que estaba en una loma.

Después de la lluvia nacieron en los charcos tantos mosquitos y jejenes que empezó a hacerse imposible la vida en el sobrante; las haciendas disparaban de noche y se mandaban mudar, o se quedaban rodeadas y sin comer, enflaqueciendo que daba lástima. Por una casualidad singular, no había más que las de Ciriaco, que parecían indemnes de todo aquello, lo que no dejaba de sorprender a los demás pobladores, y empezaban todos a pensar que habían tenido poca suerte en venir a meterse en lo que realmente parecía la Loma del Diablo.

Algunos se fueron a otra parte, sin pedir más; otros porfiaron, pero se seguían de tal modo las plagas que cada día iba renunciando alguno.

Como no volvían los que habían salido a campear, el carrito acabó por emprender la marcha del retorno en busca de ellos, seguido por la majada, mermada, flaca, sarnosa y manca.

La mayor parte de los ranchos ya quedaban taperas, y después de una epidemia que mató a casi todas las haciendas de los pobladores que todavía quedaban en el sobrante, acabaron por irse las últimas familias.

Ciriaco bendecía las estaquitas; volvía a prosperar lo mismo que antes, y más que nunca, parecía realmente dueño único del campo.

Y no dejaba, sin embargo, acordándose de lo que él mismo había sufrido, de tenerles también alguna lástima a estos pobres criollos, condenados a vagar siempre con sus familias, sin poder conseguir, en tanta inmensidad de campo, algún pequeño lote en propiedad, que para ellos hubiera sido la quieta felicidad del pan asegurado, y para el país la verdadera base del progreso y de la riqueza.

Otras pruebas, por lo demás, le iban a hacer para quitarle el sobrante; y no ya pequeños pobretes y buscavidas perseguidos por la insaciable rapacidad de los grandes propietarios, sino algunos de estos mismos que, porque tienen mucho, quieren tenerlo todo. Después de los chimangos, el gavilán.

Primero fueron dos de los linderos. Cada uno de ellos tenía veinticinco mil hectáreas; pero faltándoles las doscientas de Ciriaco, parecía faltarles la misma vida. Y sea por la virtud de las estaquitas, o sea simplemente porque eran testarudos, empezaron a pleitear entre sí, y duró la cuestión tantos años, que cuando murieron no se había acabado y Ciriaco seguía gozando del sobrante.

Pero si la codicia descansa, nunca muere, y vinieron otros sigilosamente, bien armados con papel sellado a montones, firmas, garabatos y rúbricas como para mandar a la cárcel al mismo juez, y sin que Ciriaco hubiese sospechado nada, llegó un día, de la capital, al juzgado de paz la orden de desalojamiento.

Hacía veintinueve años que con su familia, siempre más numerosa, ocupaba el sobrante. Las doscientas hectáreas habían cambiado de aspecto; no quedaba más rastro de lo que eran antes que una gran mata de paja cortadera con sus hermosos penachos plateados, dejada adrede como recuerdo a la vez y adorno. El trigo, el lino, el maíz, la alfalfa y otros cultivos, los árboles frutales y hasta plantas de lujo cubrían todo el terreno. Como eran muchos los hijos de Ciriaco y cada cual quería como propio este retazo de tierra, en el cual había nacido, todos se empeñaban en hacer de él el paraíso terrenal con que sueña cada hombre, y el resultado era que estas doscientas hectáreas daban para vivir a numerosas personas más holgadamente que las cincuenta mil linderas a unos cuantos infelices y a sus dueños que nunca siquiera las habían visto.

Y llegó el alguacil con su oficio. Llegó... no llegó: quiso llegar y no pudo. Al franquear la línea del sobrante, rodó.

De las casas, pues ya no eran ranchos, vino a socorrerlo uno de los hijos de don Ciriaco, y como el alguacil le tendiera la orden de desalojamiento, el viento se la arrancó de las manos y se la llevó quién sabe dónde.

El hombre volvió al pueblo y dio cuenta de lo ocurrido; mandaron a otro. Frente a uno de los esquineros empezó su caballo, un mancarrón siempre manso, a bailar como loco. El hombre era jinete, como buen argentino, pero no pensaba tener que domar, ese día, y menos semejante animal.

No lo pudo apaciguar sino dando las espaldas al sobrante y mandándose mudar sin haber podido entrar.

El juez de paz mandó, una tras otra, cinco comisiones; volvieron todas deshechas, sin que nadie, sin embargo, les hubiese resistido; piernas rotas, cabezas contusas, narices hinchadas, caballos mancos, la mar, sin más motivos aparentes que comunes accidentes, rodadas, coces, disparadas o corcovos inesperados, todo siempre al querer franquear la línea del sobrante.

El juez no se atrevía a ir él mismo, pero dio parte detallado del caso al ministro de Gobierno, llamando su atención sobre lo que allí pasaba.

El ministro, por sus numerosas ocupaciones, dejó pasar algún tiempo antes de tomar medidas, pero como él mismo tenía por aquellos pagos un gran campo que poca plata le había costado, aprovechó la ocasión para ir a visitarlo. Llegó con numerosa y brillante comitiva de autoridades, soldados y convidados, al famoso sobrante. Cuando Ciriaco divisó semejante séquito de jinetes y volantas, con tanta gente y tantos caballos, a pesar de su fe en la estaquitas, creyó que ya había sonado la hora y que, esta vez, los echaban sin remedio.

Su mujer le aseguró que no; que no les podían hacer nada mientras estuvieran en su sitio las estaquitas del tío, y que cualquiera que viniese, tendría que renunciar y dejarlos en paz.

El ministro venía algo intranquilo por todo lo que le habían contado del sobrante y de sus moradores, pero con la confianza que da el ejercicio del poder, hizo dirigir sin titubear su carruaje hacia la casa de Ciriaco. Toda la comitiva siguió, poniéndose prudentemente a retaguardia, sin decir nada, los que ya habían venido antes con alguna misión.

Ciriaco, por su lado, se adelantó hacia la gente, rodeado de toda su familia: lo acompañaban su mujer, sus diez hijos, sus tres yernos y sus dos nueras, con sus veinte nietos.

Cuando llegó la volanta a la línea del campo, se produjo, sin saberse por qué, un barquinazo bárbaro que despidió del pescante al cochero, y los caballos, asustados, iban a darse vuelta y disparar, cuando uno de los hijos de Ciriaco los detuvo y les hizo entrar en el campo sin mayor dificultad. Y siguieron todos los de la comitiva, penetrando admirados en ese campito tan bien cultivado que parecía un parque.

El ministro no decía nada, pero miraba todo con atención profunda, maravillado, como si hubiera entrado en un mundo desconocido.

Quiso visitarlo todo, cultivos y casas, pesebres y galpones, animales y tambos, montes y praderas, y al ver el resultado de abundancia, de felicidad y de progreso, conseguido en un miserable sobrante de doscientas hectáreas, por el lento esfuerzo de un pobre gaucho, antes andariego, hoy jefe de una familia numerosa de ciudadanos y de productores, tuvo la atormentada visión de lo que sería la República Argentina sin sus antecesores... y él mismo hubiesen repartido entre miles de criollos pobres los millones de hectáreas regaladas a un centenar de parásitos.

Llamó a Ciriaco y le dijo:

—Hace treinta años, amigo, que usted ocupa esta tierra; es suya, por la ley. No solamente vivirá usted en paz en ella, sino que el gobierno quiere que cada uno de sus hijos y de sus nietos tenga en propiedad doscientas hectáreas de las tierras incultas que rodean su chacra, para que cada cual haga en ellas lo que usted tan bien ha sabido hacer en las suyas.

Y mientras Ciriaco y toda su familia se confundían en manifestaciones de agradecimiento, el ministro dio orden de que fueran en busca de los actuales dueños de las cincuenta mil hectáreas incultas que pensaba expropiar en parte, a cualquier precio que fuese, para cumplir su promesa. Se proponía aprovechar la ocasión para avergonzarlos de su antipatriótica dejadez, pero el juez de paz detuvo el chasque, diciendo:

—Están en París, señor.

La bombilla de plata

Era antiquísima la bombilla de plata que, para tomar mate, usaban en casa de don Toribio. Contaba éste que su mismo tatarabuelo, a quien había alcanzado a conocer, cuando era criatura, ignoraba desde qué época la tenían en la familia, calculando solamente que sería como un siglo, por lo menos, antes de nacer él; de modo que, seguramente, era una de las primeras bombillas fabricadas en el país, cuando la costumbre de tomar mate había cundido entre los primitivos habitantes de la colonia.

A primera vista no tenía, por lo demás, nada de particular: bastante maciza, con filetitos de oro, se parecía a los millares de bombillas que hasta hoy circulan en toda la República Argentina, pasando a veces todavía, con la más democrática falta de cumplidos, de la jeta risueña de la negra fiel a los repulgados y rosados labios de la aristocrática niña, de la boca sin urbanidad del peón a la del hacendado enriquecido, o de los labios del ordenanza, menos pulcros que solemnes, a los del estadista refinado que, desde la poltrona oficial, suelta, entre dos mates, sus diplomacias enredadas.

Pero a éstos, ¿quién sabe si les hubiera gustado mucho la indiscreta bombilla de don Toribio? Pues tenía, sin que nadie supiera de dónde, ni cómo, la traviesa virtud de taparse al oír la menor mentira.

Aunque no fuera esta peculiaridad un secreto para nadie, en la casa, más de una vez, en momentos de descuido, había sido fuente de chascos muy graciosos, cuando no irreparables, y era un peligro constante, en la misma familia, para los que tenían algo que ocultar. Pero también era una defensa contra los de afuera, cuando venía alguno con tapujos para cualquier cosa...

Don Toribio, con el mate en la mano, se levantó de su sillón de hamaca, al ver pasar por el patio al capataz, y lo llamó.

—¿Hiciste dar agua a la hacienda esta mañana? —le preguntó.

—Sí, patrón —contestó el capataz—; ha tomado bien.

Y fue todo uno decir esto el capataz y tapársele la bombilla a don Toribio, de tal modo, que no le quedó la menor duda de que fuera mentira.

—Ensíllame el zaino —dijo en seguida. Y cuando volvió el jagüel, donde se pudo dar cuenta de que no se había tirado agua para las vacas, arregló las cuentas al capataz y lo despachó con toda frescura.

Era nuevo ese capataz en la estancia e ignoraba todavía lo de la bombilla, pues, de otro modo, no se hubiera atrevido a mentir con semejante desfachatez.

Verdad es que el mismo don Toribio tampoco estaba exento de dejarse pillar, pues, a veces, su señora, como quien no quiere la cosa, cebándole mate a su vuelta del campo, le preguntaba, con cariñosa zalamería, por dónde había andado, y cuando contestaba él, con gesto desenvuelto y fingiendo despreocupación: «Por el rodeo de las mestizas», o bien, «a contar la majada de Fulano», y que, izas!, se le tapaba la bombilla inmediatamente; por la celosa imaginación siempre alerta de la iracunda misia Rudecinda pasaban, como visiones, ciertas mestizas por demás mansas, de cierto puesto de la estancia o los inocentes y costosos partidos de truco en la pulpería. Y bajo las chispas amenazadoras que, en irradiación eléctrica, arrojaban los ojos de su mujer, don Toribio, cansado de chupar en balde, en medio del abrumador silencio, precursor de próxima tempestad, cabizbajo y más avergonzado por su falta de viveza que por el remordimiento de su delito, humilde y rabioso, devolvía el mate. Siquiera, mientras chupaba ella también, a su vez, y removía la hierba, para componer la maldita bombilla, se detenía, por un rato, el chaparrón que siempre sigue al rayo.

En esas ocasiones no le mezquinaba don Toribio a la preciosa prenda familiar los más sabrosos nombres, apellidos y apodos, aunque fuera solo entre sí, y juraba que de tal modo la iba a esconder, que la misma Rudecinda, por pesquisadora que fuera, no podría dar con ella.

Y así lo hacía; pero no faltaba ocasión en que le fuera indispensable la bombilla para averiguar lo que pensaba de veras tal o cual visita, y era él entonces el primero en ir a buscarla en su escondrijo y en entregarla a la patrona para que con ella cebase mate.

Así fue un día, justamente cuando la llegada de un resero que venía a ver los novillos. Sabía don Toribio que esa gente siempre viene con límites de que no puede pasar, pero vaya uno a saber cuáles son esos límites, y ¿quién mejor se lo iba a decir que la bombilla de plata?

Apenas estaba el resero sentado en el escritorio, cuando don Toribio la sacó sigilosamente de su caja de hierro, donde la tenía guardada, y pasando a la pieza vecina la entregó a doña Rudecinda, encomendándole que cebase mate prontito.

—¡Ah! gran pillo, calavera —exclamó a media voz la señora—. Bien pensaba que tú eras quien la tenía escondida. ¡Si habrás podido mentir a tus anchas desde hace más de un mes que se me perdió!

—No embromes, mujer, ¿qué voy a mentir yo? —contestó don Toribio, y volvió a juntarse con el resero.

Cuando vino la señora con el mate, pues demasiado interesante iba a ser la conversación para mandar a una sirvienta, don Toribio estaba ponderando sus novillos y preguntando al otro qué precio iba a poder pagar por ellos.

Este, por supuesto, se hacía de rogar, diciendo que habiéndoles visto solo a la pasada, no podía todavía saber. Pero como insistiera don Toribio:

—Mire —le dijo por fin—, estirándome mucho, lo más que le podré pagar son veintitrés pesos.

Y diciendo así, quiso tomar un sorbo de mate, pero se le había tapado la bombilla, y chupaba el pobre, chupaba que daba lástima, sin que nadie viniera.

—¿Se le tapó, don...? Preste que se la van a componer... Creo que no vamos a hacer negocio, ¿sabe? Yo, menos de treinta, no vendo.

Y habiendo vuelto a arreglar el mate, subió el resero hasta veinticuatro pesos, declarando que de ahí no podía pasar, y levantándose, con el mate en la mano, como si ya se fuera a retirar, lo devolvió diciendo que la bombilla estaba tapada otra vez; lo que hizo que don Toribio, con toda calma, hiciera hincapié consiguiendo, de a saltitos y poco a poco, oferta de veintisiete nacionales, y como ya entonces no se tapaba la bombilla, pensó, con razón, que era tiempo de cerrar el trato.

Demasiado bien le salía siempre la tan curiosa propiedad de su bombilla de plata para que perdiera ocasión de probarla con todos los que venían a tratar con él de negocios; y quedaba chiflado, desde el primer mate, el acopiador que falsamente traía la noticia de una gran baja en la lana, o que trataba de sonsacarle tirados los cueros de su galpón.

El pulpero Fulánez, hombre vivo, vino una vez a casa de don Toribio a arreglar las cuentas del año, y le quiso cargar de más en la cuenta, a ver si pegaba, un vale de cien pesos. Don Toribio aseguraba que no se lo debía; Fulánez, con el mate en la mano, trató de darle explicaciones convincentes para probarle que él lo había pagado. Y don Toribio, quizá hubiera acabado de creerle, y por abonar los cien pesos, si las aclaraciones que trataba de dar el pulpero no hubieran sido, a cada rato, lastimosamente entorpecidas por las repetidas tapaduras de la bombilla de plata, indicio seguro de que Fulánez mentía. Y éste tuvo que dar por terminado el asunto hasta que pudiera enseñar el pretendido vale... ¡Cuándo!

¡Bombilla linda! Sí, a veces, era como si hubiese hablado.

Tenía don Toribio cierto vecino a quien sospechaba de haberle carneado una vaquillona rosilla, muy gorda. Un día que había venido al rodeo, don Toribio lo hizo pasar a las casas y lo convidó con un mate. Conversaron de la lluvia y de la sequía, del estado de los campos y de las haciendas, y mientras estaba el vecino con el mate en la mano, de repente preguntó don Toribio:

—Dígame, ¿no ha visto por casualidad, en su hacienda, una vaquillona rosilla?

El vecino, con la vista medio vaga del que mira sin querer ver, contestó después de un rato:

—No, hombre, no.

Y sin más chupó la bombilla, pero se le había tapado, y don Toribio, mientras se la destapaban hizo, con estudiada violencia, una salida bárbara contra «los vecinos puercos que por tan poca cosa se ensuciaban las manos, gente indigna de poseer. Comprendía —dijo— que algún gaucho pobre, en lidia con el hambre, carnease un animal, pero que hacendados acomodados hicieran lo mismo, era un vergüenza».

El otro aprobaba, por supuesto; no podía hacer de otro modo, y a falta del mate, se chupó el responso hasta que hiciera «chirriii» sin necesidad de bombilla.

Para ganar a las carreras, también más de una vez le sirvió la bombilla a don Toribio. Difícil era engañarlo sobre el valor de un caballo y sobre lo que de él pensaran el dueño y el compositor. Ni se le podía hacer creer que estuviera enfermo un animal sano, ni sano un enfermo; pronto sabía con una sola conversación en su casa, con el mate circulando, si pensaba el corredor hacer trampa o no; si el caballo era de tiro largo o de tiro corto, y también si el mismo dueño apostaba en contra de su propio caballo, con intención de embromar a medio mundo, haciéndole perder una carrera que hubiera podido ganar cortando a luz.

¡Bombilla loca! también; que se tapaba a cada rato, a veces ¡como para quitarle a uno las ganas de tomar mate! Algunos, cándidamente, renegaban con las bombillas de plata, en general, que con mate muy caliente casi siempre se tapan; otros algo sospechaban, después de algunas pruebas que, por su misma repetición, los dejaban perplejos, y no faltaba quien asegurase saber que cualquier mentira hacía tapar en el acto la bombilla de don Toribio. Muchos se reían de esto, como de cosa imposible; pero no dejaba la gente de tener cierto recelo antes de faltar a la verdad en casa de don Toribio, a tal punto, que se iban poniendo lo más francos y verídicos, poco a poco y sin pensarlo, hombres que nunca, hasta entonces, habían podido abrir la boca sin soltar una mentira. Y hasta proverbial se había hecho en el pago lo de: «Cuidado, che, que se te va a tapar la bombilla».

Asimismo, había casos en que don Toribio podía mentir con el mate en la mano, sin que la bombilla se tapara. Era cuando, de noche, después de la cena, contaba cuentos a los niños.

Podía entonces inventar las cosas más inverosímiles y decirlas con confianza; no había peligro, y ni por las hazañas de Cuerocurtido, ni por las miradas del Buey Corneta, ni por don Cornelio con su alambrado, dejaba de pasar el mate en la bombilla.

Los mayorcitos, muy al corriente ya, por supuesto, extrañaban que así fuera, y cuando el cuento les parecía por demás imposible, preguntaban al padre cómo era que no se tapaba la bombilla, esa bombilla, gracias a la cual ellos habían perdido tan pronto la costumbre de mentir, aun cuando se tratara de evitar el castigo de alguna travesura un poco fuerte. Y les tenía que explicar don Toribio que una bombilla tan sagaz no podía cometer la torpeza de confundir mentiras que dañan con ilusiones que solo embellecen la vida, ocultando, por un rato, tras dorada neblina de ensueños, su realidad casi siempre ruda.

Don Toribio tenía una hija moza, muy bonita la morocha, a quien no dejaban de festejar ya, aunque con discreción, algunos jóvenes del pago; basta que la primavera entreabra un pimpollo para que en seguida revoloteen en su derredor las mariposas; pero ninguno todavía se había atrevido a formular sus sentimientos hacia la niña más que por insinuaciones ligeras, como ser suspiros, entre doloridos y atrevidos, o miradas de soslayo, implorando compasión... ¡las pícaras! y consiguiendo de la muchacha, por toda contestación, alguna lisonjera reflexión a media voz, como: «Mire qué modo de soplar», o «¡parecen ojos de bagre!».

Don Toribio, pensando asimismo que no sería de más conocer un poco las ideas de Encarnación al respecto, ya que ni la misma doña Rudecinda había podido «pispar» nada, una tarde, de sopetón, al recibir el mate de manos de su hija, le preguntó en tono de broma y como si hubiera sabido alguna novedad:

—Y ¿cómo anda ese novio?

Se sonrojó Encarnación hasta los ojos, y contestó apresurada:

—¡Oh! yo, ni pienso en eso, tata.

Y mentira debía ser, pues en ese mismo momento se le tapó la bombilla a don Toribio; una simple coincidencia, pero que le causó mucha gracia, no dejando de compartir doña Rudecinda, aunque con cierto disimulo de matrona de buen tono, su regocijo. Por supuesto, se turbó más y más Encarnación, al tomar, para ir a componer la bombilla, el mate de manos de don Toribio.

Mientras estaba en la cocina, llegó de visita don Martiniano, estanciero de la vecindad, con su hijo, Martiniano también de nombre; y cuando volvió Encarnación con el mate, saludó a las visitas con una expresión tal de gloriosa felicidad, que a los tres viejos no les quedó ninguna duda de que bien pronto estarían de boda. Tanto, que sin que se hubiera de veras formalizado la conversación sobre el punto, cuando estuvieron por retirarse don Martiniano y su hijo, estaban todos de acuerdo, los padres entre sí, y los jóvenes por su lado. No habían tratado, seguramente, de engañarse unos a otros, pues charlando toda la tarde habían estado tomando mate, y ni una sola vez se había tapado la bombilla.

Encarnación aprovechó el tumulto de la despedida para ofrecer a Martiniano el último mate, teniéndolo de pie, casi a solas, en un rinconcito, y le dijo en voz baja, mirándole bien en los ojos:

—¿Me vas a querer siempre?

—Sí, te lo juro, Encarnación —contestó sin turbarse el joven.

Y debía de ser sincero, pues acabó el mate sin que se tapara la bombilla.

La palabra «siempre» queda fuera del alcance humano, y no se le puede pedir a una simple bombilla, por perspicaz y astuta que sea, que adivine si de veras será eterno el amor.

Cuerocurtido

Lo único que quería doña Serapia era que de una vez se cristianara a ese chico.

—Así no puede quedar —decía ella—: ¡Infiel, a los ocho meses! Ya es tiempo de hacerlo cristiano.

Don Anacleto no decía que no, pero postergaba la ceremonia por no haber podido todavía encontrar un compadre a su gusto. Ya tenía de compadres a todos los hacendados y puesteros medio pudientes de la vecindad, y no quedaban más que los paisanos pobres, los que no «hacían cuenta». Y todos los días era la misma pelea con su mujer, ella apurando, nombrando a Fulano, a Zutano, y a Mengano, como candidatos aceptables, y don Anacleto desechándolos.

—Buena gente —decía él—, buenos compañeros, para pagar, así, de pasada, una copa o dos, pero para compadre se necesita otra cosa, gente formal, de fundamento, que tenga siquiera algo que regalar al chico.

Y pasaban los meses.

Una noche, después de cenar y de acostar a la ya numerosa caterva de criaturas con que los había favorecido la suerte, don Anacleto y su mujer, sentados en la cocina, cerca del fogón, rebatían, entre mate y mate, el tema de siempre, cuando llamaron en el palenque.

—¡Buenas noches! —gritó una voz desconocida; y don Anacleto, levantándose, entreabrió la puerta, salió por la rendija, volvió a cerrar ligero, se agachó y, a pesar de la oscuridad, alcanzó a divisar dos jinetes parados que esperaban la venia.

—¿Quiénes son? —preguntó.

—Reseros, señor, que venimos a pedir licencia para hacer noche.

—Bájense —contestó inmediatamente don Anacleto—, y pasen, nomás, sin cumplimiento.

Bien sabía que un resero siempre es hombre con plata, propia o ajena, y aunque no tuviera él nada que vender, porque sus animales estaban flacos, de puro instinto se le alegraba el corazón. Al que trae plata, amigo, hay que tratarlo bien: ya que de fijo no viene a pechar y que, al contrario, puede ser que...

Habiendo desensillado los dos jinetes, alzaron los recados y con don Anacleto entraron en la cocina. Eran dos paisanos, de buena presencia ambos, pero cuyas prendas de vestir señalaban marcada diferencia, como de patrón y de capataz.

Uno, de facciones muy finas, con la tez morena, los ojos vivos y relucientes, la nariz algo más que aguileña y los labios de rojo intenso entre la barba renegrida, llevaba blusa y chiripá negros y en la cintura un ancho tirador todo cubierto de monedas de oro y de plata. Su modo de ser y de tratar a su compañero no dejaban duda: era él el patrón.

El otro, aunque de traje muy decente también, no lucía tanto lujo y guardaba con el primero cierto respeto.

Doña Serapia les preparó un asadito, solo para que no fueran a dormir de mal humor, les dijo ella, excusándose de que fuera tan poco el agasajo; y mientras se asaba la carne y circulaba el mate, se entretuvieron conversando con don Anacleto.

Este, siempre en acecho de lo que le podía traer alguna ventaja, parecía haberles tomado un olorcito a posible provecho, y, con todo disimulo, andaba indagando quiénes eran, de dónde venían, a dónde iban, si eran de muy lejos, y mil cosas por el estilo que podían ayudarle en sus propósitos o hacerlo batir en retirada.

Las respuestas eran bastante evasivas, pero dadas con franqueza bonachona, y tales, que don Anacleto no dudó ya de haber encontrado al compadre de sus ensueños.

Dio justamente la casualidad que, en ese momento, se despertó la criatura en el cuarto vecino y empezó a llorar.

—Pobre —dijo la madre—; no es extraño que tenga pesadillas, infiel como está todavía, a los ocho meses.

Y pasó al dormitorio a tratar de hacerlo dormir.

Don Anacleto aprovechó la ocasión para tantear el terreno, sin fijarse en cierto movimiento, como de rabia reprimida, de los forasteros, y especialmente del patrón, a esa palabra «infiel». Sin ver que éste había fruncido las cejas como al oír una injuria personal, don Anacleto, con la obcecación de su idea fija, le dijo que, efectivamente, tenía que cristianar un chiquillo, un varoncito muy mono —una preciosura, el muchacho—, y que si consintiera el señor en ser su padrino, lo podrían ir a bautizar el día siguiente; que quedaría muy honrado de que tan distinguido huésped aceptara de ser su compadre...

Pero ahí quedó cortado, y hasta todo asustado, al ver levantarse llenos de ira, al distinguido huésped y al compañero; y el primero le dijo:

—Para compadre, amigo, no sirvo yo, sépalo, y todo lo que puedo hacer por su hijo, ya que a usted se le ocurrió que debía ser su padrino, ies desearle que reciba más golpes y porrazos de todas clases que cualquier hombre que haya existido y exista jamás en el mundo entero!

Y sin decir más, salió furioso de la pieza y se dirigió hacia el palenque, llevándose el recado y seguido por el compañero.

Don Anacleto se quería morir de aflicción, y mientras quedaba mirando la puerta como petrificado, oyó en el dormitorio el ruido de una caída; era su mujer que dejaba caer al chico en el suelo, y los gritos de la criatura confirmaron al desgraciado padre en el temor que ya lo tenía poseído, de habérselas habido con Mandinga y de haberlo hecho enojar con hablarle de cristianar y de bautizar, cosas que lo ponen siempre, por supuesto, fuera de sí.

Todavía estaba sin moverse don Anacleto cuando volvió a entrar en la cocina el capataz del misterioso forastero. Venía a buscar el rebenque de su patrón que éste había dejado en la mesa, y don Anacleto se lo iba a entregar, cuando, acordándose, el muy astuto, que debía de ser el rebenque ése una prenda de inestimable valor para el que lo tuviera en su poder, lo agarró resueltamente y, echándose atrás, se lo negó al hombre.

El gaucho, entonces, humildemente, le suplicó que se lo devolviera, pues, de otro modo, su patrón lo iba a matar o hacer con él cosa peor.

Bueno —le dijo Anacleto—; se lo devuelvo si me indica el medio de destruir el hechizo de que su patrón hizo víctima a mi hijo.

—No puedo, no puedo —contestó el gaucho, temblando.

—Entonces, salga de aquí, maldito —exclamó don Anacleto, blandiendo el rebenque, y esto bastó para que, en el acto, se dejase caer de rodillas en el suelo el infeliz, sabedor, probablemente, de lo que pesaba en las espaldas esa lonjita.

—Mire, señor —dijo—; destruir del todo el poder de las palabras de mi amo, no se puede; pero tóquelo despacio al niño con el rebenque y aunque sufra en su vida, como no lo puede ya evitar, más golpes y porrazos que cualquier hombre en la tierra, le puedo asegurar que será sin sentirlos.

Don Anacleto entró en el dormitorio, tomó de brazos de su mujer al muchacho que todavía gritaba bastante y lo tocó despacio con el rebenque. En el acto dejó de llorar la criatura y don Anacleto no pudo menos que admirarse; pero desconfiaba todavía, cuando, al darse vuelta para colocar al chico en la cuna, le pegó, sin querer, un golpe bárbaro en la cabeza contra la pared, y en vez de llorar, se rió la criatura, como pidiendo otro.

Don Anacleto y su mujer se quedaron estupefactos, aunque nada supiera todavía doña Serapia; pero el otro gaucho, apurado para irse a juntar con el amo que ya lo estaba llamando, empezaba a reclamar a gritos el rebenque;

don Anacleto se lo entregó y corriendo detrás de él hasta la puerta, la cerró con estrépito, haciendo «cruz-diablo» a los huéspedes aquellos.

Y después le contó todo a doña Serapia, quien, por supuesto, se santiguó durante una hora, pensando con dolor que ya le sería imposible hacer cristianar a su hijo. Don Anacleto, él, tomaba las cosas con más filosofía; calculaba que al fin y al cabo no venía a ser tan malo para el chico el terrible regalo del padrino improvisado, enmendado de modo tan feliz por el incidente del rebenque olvidado.

Y a medida que el muchacho crecía, más se hacían ver los admirables efectos de la providencial combinación. Como se lo había prometido el diabólico forastero, todo era para él ocasión para porrazos y golpes, y su vida hubiera sido un martirio sin igual a no ser la compostura milagrosa producida por la indicación del capataz.

No pasaba la criatura cerca de una mesa sin pegarse en la cabeza; no salía al patio sin enredarse en el umbral, y sin caer al suelo; pero lo que a cualquier otro le hubiera roto la cabeza, o por lo menos hecho salir algún enorme chichón, a él no le dejaba siquiera moretón; y cada susto de sus padres por las caídas, o por los golpes que se daba, le causaba la mayor alegría; tan bien, que a falta de poderle llamar, según el calendario, Visitación o Guadalupe, Calasanz o Deogracias, le llamaron Cuerocurtido.

Esto de ver que ningún golpe le hacía mal, por supuesto, no tardó en hacer de él un muchacho atrevido como él solo. Más de una vez, don Anacleto lo quiso corregir, sin acordarse de que ni coscorrón ni paliza le podían hacer nada. Los coscorrones solo hacían doler los dedos que se le pegaban en la cabeza, y los palos se rompían en sus espaldas sin más resultados que hacerle reír a carcajadas.

Cuando peleaba con otros muchachos, siempre acababa por salir victorioso; no que pegara él muy fuerte, pues no pasaba de travieso y no era malo, pero por poco que se defendiera, pronto se cansaban los otros de recibir golpes, sin que los que le devolvían produjeran ningún efecto. Y todos los muchachos, por numerosos que fueran, se retiraban de la contienda, con los miembros machucados, la nariz hinchada, un ojo negro, una oreja ensangrentada o los dientes flojos, mientras que él seguía muy orondo y fresquito como una flor.

Desde chico, como cualquier otro gauchito, Cuerocurtido había empezado a andar a caballo, y desde el primer día hubo para él un surtido de porrazos y de golpes lo más variado. Cualquier espantada del caballo, cualquier tropezón, que para otros hubiera pasado inadvertido, con él daba resultado completo, gracias al malévolo forastero, su maldito padrino; pero era por fin poco el inconveniente, ya que el caer no era para Cuerocurtido, gracias al roce del famoso rebenque, más que una pequeña sacudida, quizá agradable, pues siempre se levantaba riéndose. Sin contar que la domada del potro más bellaco no pasaba para él de un juego; como no sentía los golpes, no los temía y se le sentaba a cualquier animal sin recelo; y quizá suponiendo que, ya que los golpes no le hacían nada, tampoco los sentía el potro, con tantas ganas se los menudeaba, que el animal siempre acababa pronto por aflojar y darse por vencido.

Más de veinte veces, pues no era muy parador, efecto probablemente de la maldición, había rodado con tan mala suerte, que se le había venido encima el mancarrón, apretándolo. Cualquier otro hubiera quedado aplastado, y con las costillas rotas; él no; si no podía librarse solo, lo que más de una vez le sucedió, esperaba que lo viniesen a sacar, y nada más.

Una vez estaba tirando agua, cuando se les desmoronó el jagüel tan repentinamente, que cayó en él con caballo, manga y todo. El caballo se mató, pero Cuerocurtido, ¡cuándo no!, risueñito, salió de allí.

En el corral y en el rodeo era muy bárbaro para trabajar, y parecía que nada hiciera para evitar cornadas, rodadas o apretaduras; más bien era como si las buscara. Fue, un día, cogido y levantado diez veces seguidas por un toro bravo. Por supuesto, todos lo creyeron muerto, y cuando, enlazado el toro, lo fueron a levantar, creyendo que iba a ser de a pedacitos, se sentó en el suelo y con toda tranquilidad armó un cigarro, contentándose con decir:

—¡Toro loco!

En otra ocasión, la armada de su lazo, habiéndose cerrado en una sola asta de un novillo, resbaló y, cimbrando, vino la argolla con una fuerza terrible a darle derecho en el ojo.

—¡Pobre! —gritó al verle recibir el golpe el dueño de la hacienda, que estaba allí cerca.

—No es nada, patrón, no se asuste; si es de goma.

Y aunque hubiera sido de goma, a cualquier otro le saca el ojo; pero Cuerocurtido ni la sintió siquiera.

Aunque, por suerte, no fuera peleador, no siempre podía evitar encontrarse, en la pulpería, metido en algún barullo; y decimos por suerte, porque si le hubiera dado el genio por buscar camorra y hacer armas por un sí o por un no, como a tantos paisanos, hubiera dejado el tendal, pues pudo comprobar en varias ocasiones que no le entraban los cuchillos ni los facones y que los tajos solo alcanzaban a hacerle trizas la ropa.

Una vez, al entremeterse para separar dos gauchos armados que querían pelear, recibió en la misma cabeza una bala de revólver. Fue un grito de espanto; lo creían muerto; ni siquiera un chichón; la bala aplastada había caído en el suelo.

Y un gaucho viejo que allí estaba y había servido en el ejército, no pudo menos de decirle:

—Pero, amigo, ¿Por qué no se hace usted soldado? Es el oficio que mejor le pueda convenir.

Y lo pensó Cuerocurtido. Y, al mes, estaba de milico en la frontera. Allí peleó con tanto coraje, que se volvió el terror de los indios, haciendo la admiración de sus jefes y de sus compañeros.

De los más terrible entreveros, a lanza y sable, salía siempre ileso; sin que se pudiera saber cómo. Se cansaba de matar indios, sin que una gota de su sangre fuera vertida jamás, y pronto fue bastante que lo vieran ellos adelantarse, para disparar despavoridos, creyéndole hijo de Mandinga, cuando no era más que su ahijado.

Cuando la guerra del Paraguay, era ya capitán; hizo toda la campaña, cargando siempre al frente de sus hombres, y haciéndolos matar, por lo demás, con la desenvoltura del que se sabe invulnerable: era de la escuela antigua.

Subió, de grado en grado, hasta llegar a coronel, lo que casi era poco para un hombre sobre el cual se aplastaban las balas como en placa de tiro al blanco; pero desgraciadamente, no sabía leer ni escribir y no pudo alcanzar a general.

Don Calixto, el dadivoso

Don Calixto había nacido generoso. Pobre, gran cosa no podía dar, pero se complacía en regalar al que lo pidiese algo de lo poco que por casualidad tuviese. Algunos —de los mismos, por supuesto, que más lo aprovechaban— lo trataban de infeliz, incapaces de sospechar que su satisfacción en dar era algo igual, si no mayor, a la del pulpero que logra cobrar una cuenta dudosa.

No tenía más que un puestito —intruso en campo del Estado—, una manada de yeguas y algunos caballos, y vivía de changas: algún arreo, una hierra, un aparte, la esquila; también vendía algunos bozales trenzados, y sembraba un retazo de maíz para mantener a la familia con mazamorra cuando faltaba la carne.

Una tarde, sentado en el umbral de su rancho, gozaba el suave calor del tibio Sol de mayo, saboreando un cimarrón. Contemplaba, no sin cierto orgullo, el conjunto de sus riquezas: en el desplayado que formaba patio al rancho, se erguía una troje, granero de pobre, improvisado con seis álamos, alambre y chala, pero relleno hasta el tope de su tranquilizadora opulencia de largas y gruesas espigas de maíz, doradas como sueños de fortuna... y como ellos, resbaladizas.

En el rastrojo que, más allá, extendía su manto rotoso de chalas amarillas y quebrajeadas, entre los verdes parches del pasto otoñal que luchaba para tapar las manchas negras de la tierra desnuda, devolvían al Sol su nota alegre los zapallos Angola y los criollos, haciendo relumbrar en el suelo el barniz de su verdeoscuro realzado de ribetes y salpicaduras de oro.

Y del armónico esplendor de tantos colores, suavemente amortiguado por el vaho azulado que se levantaba de la tierra húmeda y valiente, de la inefable quietud de la atmósfera, subían hasta el corazón bondadoso de don Calixto las ganas de tener a quien ofrecer parte de todo aquello, de su pequeña cosecha y del inmenso bienestar de que se sentía invadido.

Como para hacerle el gusto, vino justamente de visita, en ese momento, uno de sus vecinos, hombre viejo, que vivía solo en su choza, de lo que le daban los demás, pues estaba imposibilitado por la edad para ganarse la vida; y tan luego como después de haber atado al palenque su caballo, se le hubo acercado a don Calixto, éste se levantó, cediéndole el banquito en el cual estaba sentado, y tomó para sí —asiento, por lo demás, bastante incómodo— uno de los zapallos que se estaban oreando encima del techo.

La conversación entre estos dos gauchos, aunque fueran ambos pobres de solemnidad, pronto versó, tan naturalmente como la de cualquier capitalista, sobre los bienes de la tierra y su mejor empleo.

—¡Zapallos lindos! —exclamó el viejo—. ¡Tan sazonados, tan grandes! ¡Y qué cantidad había tenido don Calixto! ¡Quién tuviera una carrada de ellos, curándose en el techo, con las heladas, para hacer sabroso el puchero!

—¿Quiere algunos, don?...

Calixto no dijo el nombre de la visita, por la sencilla razón de que nunca lo había sabido; y cosa rara, tampoco se acordaba habérselo oído a nadie, nunca.

—Hombre —contestó el viejo—, si no fuera mucho pedir...

—¡Qué esperanza, señor! Si a mí me sobran. ¿Qué voy a hacer yo con tantos zapallos?

—La verdad que sería mejor para usted que fueran ovejas.

—Pues no —dijo, riéndose, don Calixto—; más que los zapallos, haría una majada el puchero sabroso, ¿no es cierto? Pero para qué se va a acordar uno de lo que no puede tener.

Y levantándose, ató a la cincha de su mancarrón un cuero de potro todo arrugado que, desde mucho tiempo ya, le servía de carretilla, lo acercó al rastrojo, y lo cargó hasta más no poder con los mejores zapallos que encontró. Los trajo a la rastra hasta el patio; allí, los amontonó y le dijo al viejo que, a la tarde, se los iba a mandar por un muchacho, en el carrito; y volviéndose a sentar en el zapallo, tomó de manos del viejo el mate. Se aprontaba a cebar cuando de repente corcoveó su asiento, y lo dejó tirado patas arriba como maturrango que se hubiese puesto a domar, disparando, el zapallo, hecho una grande y linda oveja, gorda y lanuda. Y mientras que entre risueño y renegando se levantaba don Calixto y se sacudía el chiripá, vio disparar también, cambiado en punta de ovejas, el montón de zapallos que había traído para el visitante; y todas se dirigían hacia el rastrojo, donde impetuosamente y como asustados se levantaban todos los demás zapallos, cambiados en otras tantas ovejas, capones, borregas y corderos, según su tamaño.

Don Calixto se quedó un rato asombrado de lo que veía, y dándose vuelta hacia el viejo, para cambiar con él impresiones, vio con estupefacción que había desaparecido con caballo y todo, como si se lo hubiese tragado la tierra.

Estaba en aquel momento solo en el puesto. Su mujer había ido, con sus hijos más chicos, a dos cuadras de allí, a una lagunita donde tenía perenne la batea de lavar, los muchachos mayores estaban trabajando en la vecindad o paseando.

Montó, pues, a caballo, y de un galopito estuvo con la majada; la atajó, la miró bien y vio que era toda de una señal —muy bonita la señal, dos paletillas cerquita de la punta, de modo que cada oreja parecía una hoja de trébol—, y que pasaba de quinientos animales; y gordos todos, grandes, lanudos, sanos que daban gusto.

—¿De quién será esa señal? —pensaba don Calixto—. ¿Quién sabe si no será algún chasco del amigo Mandinga, y si mañana no me cae la policía a llevarme por cuatrero?

Creía don Calixto, lo mismo que la mayor parte de los paisanos —¡son tan ignorantes!—, que de Mandinga no se puede esperar más que males y perjuicios... No sabía —nadie se lo había enseñado— que al hombre servicial y bueno que le cae en gracia, dispensa éste, el día menos pensado, los más inesperados favores.

Arreó la majadita hasta donde estaba su mujer, se la enseñó, le contó el caso y le pidió su parecer. La mujer no era tonta; no se desconcertó por tan poco y le aconsejó tres cosas: dejar suelta la majada, como si fuese ajena, y cuidarla desde lejos; apagar la vela que, ese día, le había puesto a la Virgen de Luján y colocar a ésta en el baúl en que guardaba la ropa, para que si realmente fuese la majada obsequio de Mandinga y la llegase Ella a ver, no tuviese la tentación de destruirla de algún modo; y, por fin, ir al pueblo a averiguar en el juzgado de quién era esa señal para, si no era de nadie asegurársela sacando la boleta. Se dispuso don Calixto a hacer lo indicado por su mujer, y había ensillado su mejor caballo con sus mejores aperos para ir al pueblo, cuando, al momento de montar, quiso ver si tenía en el tirador papel de fumar y se encontró con un documento que no era otra cosa que la boleta de propiedad a su nombre y perfectamente en regla, de la señal de «dos paletillas».

En vez de seguir para el pueblo, y después de consultar otra vez con la señora, arregló contra la pared del rancho un corralito improvisado con palas plantadas en el suelo, dos o tres postes que tenía tirados por allí y el arado, todo ligado con dos lazos estirados de punta a punta y de los cuales colgó todos los ponchos, cobijas y cueros que pudo hallar en la casa.

Tan mansitas eran las ovejas, que casi solas entraron en el corral sin asustarse por las colgaduras, y se disponía don Calixto a contarlas, cuando llegó al puesto otro conocido de él, otro pobre, por supuesto, que sabiendo lo que era de bueno, le venía a pedir un zapallo o dos.

Se quedó boquiabierto al ver las ovejas y preguntó a don Calixto de dónde le habían caído.

—Me las dieron por zapallos —contestó éste.

—¿Por zapallos? ¿Y quién?

—¡Ah! Esto, amigo, es secreto; cada zapallo, una oveja al corte; así fue. Y son como quinientas. Lo que sí, he quedado sin zapallos, lo cual no deja de ser una broma.

—¡Bah! Eso es lo de menos. Pero sabe que son más de lo que usted dice y que me contentaría muy bien con lo que sobrase de las quinientas.

—¡Pago! —gritó riéndose don Calixto, como si hubiese sido apuesta—. ¡Hombre!, ya que no tengo zapallos para darle, me ayuda usted a contar hasta quinientos, y le regalo el resto. ¿Para qué quiero más?

Y así fue, y como resultaran las ovejas quinientas sesenta, el otro vecino pobre, lleno de gozo, se llevó las sesenta. La mujer de don Calixto refunfuñaba un poco al ver a su marido tan generoso, pero, ¿qué iba a hacer?, ya que para él no tenía más objeto lo que le sobraba que llenar las necesidades ajenas.

Por lo demás, para probar que no era ingrato, el vecino le mandó de regalo a don Calixto un rosario de contar hacienda.

Pronto cundió la voz por todos los ranchos de los intrusos poblados en el campo del Estado, de la suerte singular que le había tocado a don Calixto, y no había concluido el día cuando doña Liberata, una viuda, comadre de él, cargada de hijos, le había mandado pedir un poco de carne, un cuarto, aunque fuera, o un espinazo para hacer un puchero.

Don Calixto no vaciló un rato y despachó al muchacho para su casa con todo un capón gordo, bien atado a los tientos del recado.

—Y dile a tu mamá —le gritó— que se quede con el cuero para los vicios.

Dio la casualidad que estaba en casa de la viuda un resero; se quedó el hombre admirado de la gordura del capón, y al día siguiente, a la madrugada, antes que soltase la majada don Calixto, estaba en su palenque, llamándolo, a ver si hacían negocio. Don Calixto lo recibió con los agasajos debidos a quien trae plata, loco de contento al pensar que, por la primera vez en su vida, iba, como cualquier hacendado rico, a recibir pesos.

Lo que más le agradaba era que iba, con éstos, a poder cumplir con su compadre don Pedro, de quien tenía recibidos tantos servicios, en momentos de penuria, y pagar por él, a su vez, al pulpero con quien estaba empeñado hasta los ojos.

El resero vio la majada, calculó que de ella podía sacar unos cincuenta capones gordos y ofreció un precio halagador, que don Calixto aceptó. El aparte pronto estuvo hecho, y cuando se trató de contar, don Calixto quiso estrenar el rosario que le había el otro mandado de regalo.

Bien pensaba, a la verdad, que no necesitaba rosario para la única tarja de cincuenta que iba a tener que contar; y así se lo dijo el resero, pero don Calixto lo quería probar, de puro gusto. Empezaron a contar; y pasaban capones y capones, sin que pareciese mermar la chiquerada. Contaron una tarja, y contaron dos, y contaron tres, y salían más y más capones y seguían contando. El resero, viendo que todos eran parejos en gordura, dejaba correr, no más, y contaba, y tarjaba, sin querer cortar el chorro, reservándose de manifestar su admiración para cuando se acabase. Y solo se acabó cuando hubo cantado don Calixto la última de las veinte cuentas de que constaba el rosario. Lo felicitó el resero por su buena suerte, sin pedirle más explicaciones, sabiendo, como buen gaucho, que hay ciertas preguntas que no debe hacer el hombre discreto; le pagó los mil capones al mismo precio por cabeza que habían tratado para los cincuenta que había pensado comprar y se fue con su arreo.

Fueron los pesos de don Calixto como rocío celestial para todos los pobres gauchos del pago; quedaron saldadas, en la esquila, hasta las libretas que, de viejas, las había echado en olvido, casi, el mismo pulpero, y todos anduvieron, por un tiempo, con ropa nueva pagada al contadito.

Es que, burlándose de las observaciones de su mujer, no perdía ocasión don Calixto de regalar a sus vecinos pobres todo lo que le pedían, a pesar de ser algunos de ellos imprudentes y hasta voraces, y también de darles casi siempre mucho más de lo que solicitaban.

—¿Para qué quiero tanto? —era su refrán—. Lo que me sobra me estorba, y a otros les hace falta.

Tenía tanta más razón, cuanto, por inexplicables circunstancias, resultaba siempre pequeña la parte de los favorecidos, pues más les daba y más aumentaban los productos de su majada.

A uno de aquéllos se le ocurrió, una vez, mandarle pedir, no porque se muriese de necesidad, sino sencillamente porque era el día de su santo y lo quería festejar debidamente, un cordero gordo. Don Calixto fue al corral y eligió él mismo el cordero más grande y gordo de la majada, y el muchacho que lo había venido a pedir le prometió en recompensa que, el día de la señalada, su padre, sus hermanos y él le vendrían a ayudar. Y así lo hicieron.

La parición había sido abundante: el corderaje era lindo, alegre, retozador, y para facilitar el trabajo, lo apartaron todo junto en un chiquero especial. Y empezaron los cuchillos a trabajar fuerte y parejo, amontonándose las colitas; y seguían, sin cesar, disparando para la majada los corderos ensangrentados, balando lastimeramente por la madre. Pero más corderos alcanzaban los peones a los señaladores, más quedaban para señalar; parecía que manara el chiquero, y acabaron por cansarse todos, sin haber podido concluir, pues quedaban encerrados muchos animales todavía. Lo que viendo don Calixto, hizo parar el trabajo, y regaló a los que habían venido a ayudarle todos los corderos que quedaban orejanos, a los cuales se agregaron, cuando los llevaban, las respectivas madres que ya andaban por el campo.

—¿Para qué quiero majada tan grande —decía—, si ya me sobran ovejas?

Ya que tan generoso era don Calixto, con razón pensó doña Encarnación, otra pobre de la vecindad, que no le negaría para cama de sus criaturas unos cuantos cueros de oveja; y se los mandó pedir. Por el mismo muchacho que le trajo la carta, don Calixto le mandó un caballo cargado con los cueros de consumo más grande y más lanudos que tuviese en su galpón, siendo siempre su orgullo dar lo mejor de lo que tenía.

Cuando llegó la esquila, doña Encarnación mandó a todos sus hijos mayores a que ayudasen a don Calixto en su trabajo, no pudiendo ella misma ir, por tener que atender a los demás, todavía muy chicos. Las ovejas que a esos muchachos les tocó esquilar no eran mejores que las otras y sucedió entonces una cosa bien extraordinaria: todos los vellones que al latero entregaban, pesaban de diez kilos arriba cada uno, siendo su lana sumamente fina, larga de medio metro y tan rizada que nunca se había visto lana igual en ninguna parte de la pampa.

Se amontonaron los compradores y con tal de conseguir los vellones maravillosos, pagaron por toda la partida un precio exorbitante.

¡Tenía una suerte ese don Calixto!

Fácil será comprender que con todo esto hubiese aumentado demasiado, y casi a pesar suyo, su fortuna, si, por otro lado, no hubiese también crecido su generosidad. Pero se empeñaba el hombre en sembrar, con lo que le sobraba, en muchos humildes hogares, un poco de felicidad, tanto que consiguió, dicen, cosechar —de vez en cuando— esa flor exquisita y rara: la gratitud.

La estancia del dormilón

Era en 1867. Por la segunda vez, el cólera hacía estragos en la pampa. Familias enteras desaparecían presas de la epidemia, siendo el incendio de sus ranchos, quemados por algún vecino, entre caritativo y miedoso, las únicas honras fúnebres que se atrevieran a darles; y quedaba la llanura sembrada de taperas carbonizadas, lóbregos espantajos cuidadosamente evitados por la gente despavorida.

Don Aristóbulo Peñalosa, modesto estanciero del Sur, establecido en tres leguas de campo de su propiedad, allí vivía con su pequeña familia, compuesta de su mujer y de dos criaturas, cuidando su hacienda, poco numerosa por ser los campos todavía sin pisoteo y de pasto duro, pero suficiente para pasarlo bien sin mucho trabajo, en aquellos tiempos de vida patriarcal y sin codicia.

Era feliz el hombre: cuando la suerte cruel, en pocas horas, le arrebató a las dos criaturas, y la madre, contagiada, dos días después, las siguió, dejando a don Aristóbulo solo, desamparado, tan agobiado por el dolor que no deseaba en esos momentos otra cosa que caer pronto, él también, víctima de la despiadada enfermedad.

Pero ni remotamente sufrió de ella síntoma alguno, y después de haber rendido a los seres queridos, que para siempre lo habían abandonado, los últimos deberes, triste, desconsolado, los ojos hinchados de tanto llorar, muerto de cansancio moral y físico, por las vigilias y el horrible trabajo postrero, se sentó al pie de un pequeño ombú, plantado por él hacía tres años al lado de su rancho, y vencido por tan repetidas emociones se durmió.

Algunos vecinos, al cruzar el campo, el día siguiente, se dieron cuenta de que nadie cuidaba ni repuntaba las haciendas de don Aristóbulo. La majada se había retirado mucho de las casas y bien se veía por el tamaño de las panzas y la cantidad de ovejas echadas, que habían quedado comiendo toda la noche; las vacas estaban casi en la orilla del campo, sin que nadie recorriese la línea para repuntarlas, y hasta la misma tropilla favorita de don Aristóbulo andaba como perdida por el cañadón, lejos de la estancia.

Don Aristóbulo era muy querido, y se empezaron todos a interesar por él y por lo que le podía haber sucedido. Fueron de a dos, de a tres, los más valientes, a ver lo que por allí pasaba. En el palenque dormía, ensillado, el moro, el preferido de don Aristóbulo. Llamaron; nadie contestó, pero viendo al mismo dueño de casa recostado al pie del ombú, se le acercaron.

Dormía profundamente; en sueño tranquilo, reparador de exhaustas fuerzas. Lo dejaron, ¿para qué despertarlo?, y les bastó, por lo demás, una ojeada para comprender que el rancho había quedado vacío de sus demás huéspedes; que debajo de aquella tierra removida descansaban ellos, y que don Aristóbulo quedaba solo allí.

Se fueron, no era cosa de demorar mucho tiempo cerca de una casa apestada.

Y don Aristóbulo, sin hacer el menor movimiento, siguió durmiendo profundamente, bajo el ombú, lo mismo que en el palenque su caballo preferido.

Los mismos vecinos volvieron de vez en cuando, y viendo que siempre dormían en el palenque el moro, y al pie del ombú el amo, tomaron la costumbre de repuntarle la hacienda en la línea del campo, sin atreverse a turbar un sueño que, por lo duradero, no dejaba de parecerles algo prodigioso.

Poco a poco, la quínoa y la cicuta, el cardo y la cepa-caballo, y cien otras plantas, buenas y malas, espinosas y floridas, crecieron alrededor de la casa; semillaron y cundieron, invadieron el patio, las zanjas y hasta el corral de las ovejas, volviéndose matorral lo que había sido desplayado, pero matorral de pastos tiernos, de gramilla y de trébol, como de tierra poblada. El palenque, con el moro atado, ensillado siempre, inmóvil y durmiendo, quedó rodeado de un verdadero fachinal; y el ombú, cada día más crecido, extendió poderosamente sus ramas verdes, como para proteger más y más el sueño siempre igual y profundo de don Aristóbulo. Las raíces del árbol hermoso sobresalían ahora del suelo como serpientes colosales arrolladas y se encontraba el hombre dormido como en verdadero sillón cavado por el peso de su mismo cuerpo.

En las dos piezas del rancho y en la cocina, las generaciones de arañas se sucedían legándose y traspasándose en paz sus telas, siempre más numerosas; y tanto el bienteveo en las ramas del ombú, como en el crucero de la roldana del pozo silencioso los horneros, habían multiplicado los nidos, en medio de una tranquilidad sin par.

Hasta los zorrinos y las comadrejas se morían allí de viejos, sin haber sabido, en su vida, lo que era ser molestados por nadie, ni por hombres ni por perros.

Es que más tiempo pasaba, desde el día en que había empezado su ininterrumpido sueño don Aristóbulo, más respeto le criaba la gente a la «Estancia del dormilón», como habían dado en llamar al establecimiento. No había vecino que no se empeñase en impedir que saliera hacienda del campo de don Aristóbulo, lo que, con el tiempo, no fue siempre cosa fácil, pues a pesar de las sequías y de las epidemias que de vez en cuando hacían hecatombes entre las vacas, las ovejas y las yeguas, ya por demás amontonadas, se habían multiplicado excesivamente. Lo que se comprende, ya que nadie podía disponer de un solo animal de esas haciendas. ¿Y quién tampoco se hubiera atrevido?

Había allí animales enormes, viejísimos, pues no podían morir sino de enfermedad o de vejez; y como nadie trabajaba la hacienda había en la estancia una cantidad loca de machos de todas clases, y por todas partes retumbaban las lomas y los cañadones al estrépito de sus luchas, golpes, coces y topadas, bramidos y relinchos.

A más de un cuatrero le estaban haciendo cosquillas las boleadoras y el lazo, al mirar por el campo, desde la orilla, tanto bagual y tanto toro. ¡Qué pingos, y qué huascas, y qué matambres estaban allí comiendo pasto!... al ñudo. Tentadora, la cosa, pero ¿quién se atreve?... En su sueño, debe ver muchas cosas ese dormilón sospechoso.

Créese asimismo que dos gauchos, una noche, penetraron en el campo a matrerear; bandidos conocidos eran y gente guapa, peleadora sin hiel y carneadores avezados, de noches oscuras. Pero nunca se volvió a saber de ellos. Hubo, toda la noche, mucha bulla en la hacienda, correrías y balidos, cosa de creer que andaban ánimas por el campo y que toda la hacienda se había vuelto loca, pero nada más; todo, a la madrugada, se había sosegado. Si fue drama, fue como en el mar: hundido el bajel, se apaciguan las olas, y ¡santas pascuas!

También hubo un juez de paz —son muy diablos—, quien en 1897, treinta años desde que se había dormido de tan peculiar modo don Aristóbulo Peñalosa, quiso probarle las costillas al campito aquél y a sus haciendas.

Las tres leguas del «dormilón», al volverse, según el lenguaje entonces adoptado, ocho mil hectáreas, habían tomado mucho valor; lo mismo que las haciendas, a pesar de haberse quedado éstas completamente criollas; y se relamía el juez al pensar que con algunos trámites bien dados, y convenientemente engrasados los ejes, podría muy bien, algún día, verse dueño del establecimiento: campo y hacienda.

Empezaron los trabajos. Mientras anduvo todo por las oficinas, no hubo tropiezo. Pero cuando después de conseguir del tribunal de primera instancia un oficio en forma para intervenir en la estancia codiciada, se requirió para el objeto la ayuda de la policía, hubo entre los milicos unanimidad para tratar de echarse atrás. Fue necesario prometer gratificaciones extraordinarias para que tres de ellos, los más guapos, acompañaran al juez; y eso que con ellos iban, armados hasta los dientes, media docena de civiles, amigos del interesado, incitados por la codicia y la curiosidad.

Encontraron el campo recién alambrado por los vecinos. Las haciendas de la «Estancia del dormilón», por su número siempre creciente, se hacían algo cargosas, y para no tomarse más el trabajo de repuntarlas habían decidido todos cercar. No sin recelo se aproximaron a la población. La maleza se había extendido y tupido más y más; el ombú se había vuelto colosal y el rancho desaparecía casi por completo entre los yuyos y el cardal.

Hubo que abrir a machete una verdadera picada en derechura hasta el ombú para cerciorarse de que siempre estaba allí don Aristóbulo. Los milicos, en esta tarea, adelantaban sin ganas, guiados por dos vecinos antiguos, los últimos que quedaban de los que habían conocido a don Aristóbulo, que lo habían visto sentado al pie del árbol, el primer día de su sueño extraño y le habían cuidado la hacienda durante los treinta años que había estado durmiendo. Casi muchachos en aquel tiempo, se les había arrugado mucho la cara y encanecido el pelo, pero conservaban, respecto a la «Estancia del dormilón» y a su dueño, involuntario sentimiento de supersticioso temor, juzgando sobrenatural ese sueño misterioso, y poco prudente el paso por esta gente.

Al cabo de varias horas de trabajo llegaron por fin muy cerca del pie del ombú, y no faltaban por voltear más que algunos troncos de cicuta, cuando oyeron todos, en medio de la angustiosa perplejidad de ese momento solemne, un ronquido sonoro y rítmico como de persona normalmente dormida.

No tenía ese ruido nada que fuera muy asustador, y fue, sin embargo, lo suficiente para infundir a todos esos hombres, a pesar de sus armas, un irresistible pánico. Dispararon los milicos, dispararon los comedidos acompañantes, dispararon los vecinos, y al frente de ellos el mismo juez de paz, olvidado de la presa apetecida, corriendo temblorosos hacia los caballos que habían dejado al cuidado de un peón. Y todos, en tropel, montaron y se apretaron el gorro como bandada de locos, hasta dejar el campo y traspasar el alambrado.

Al cerrar con cuidado la tranquera, uno de los viejos vecinos de don Aristóbulo le dijo al juez:

—Para mí, señor, lo mejor será esperar que despierte solo el hombre, si se quieran evitar desgracias.

Pero esperar que despertara «el dormilón» era para el juez y sus aves negras como renunciar para siempre a la esperanza tan acariciada de apoderarse del hermoso campo que cada día valía más y de las numerosas haciendas; y pasado el susto, pensó que ya que tan bien dormía don Aristóbulo, era una bobería tenerle miedo, y que mejor sería hacerle definitivo el sueño.

Se estaba entonces agregando al gran ferrocarril del Sur, un ramal que iba justamente a cruzar por la «Estancia del dormilón», y el buen juez hubiera querido tomar posesión del campo antes de que allí llegaran las cuadrillas.

Pero parecía que nunca hubiera tropezado con tantas dificultades para dar con algún gaucho capaz de... ayudar. Solo a los meses encontró un forajido que por muchos pesos consintió en hacer desaparecer de cualquier modo que fuera y con todo sigilo al... estorbo.

Ya habían llegado los rieles al alambrado y lo estaban cortando los peones para seguir con el terraplén, cuando justamente se iba internando en el campo el bandido, en dirección al ombú. Llegó, y después de apearse y de atar el caballo a unas matas de pasto, entró, no sin titubear, entre el yuyal que rodeaba la casa. Trató de seguir la senda que, como un año antes, había trazado la primera expedición mandada por el juez de paz, pero había vuelto a crecer la maleza de tal modo que tuvo, para abrirse camino, que mellar en ella el cuchillo, y cuando llegó al pie del ombú, no tenía en la mano más que un arma casi inútil. Asimismo pensó que para acabar con un hombre dormido, le bastarían las boleadoras que llevaba en la cintura, y hasta las manos, en un caso.

Y en el mismo momento en que volteaba la última planta de biznaga que le tapaba las raíces del árbol, sonó un estridente silbato que lo hizo estremecer.

Era la locomotora del primer tren de balasto que llegaba a la orilla del campo de la «Estancia del dormilón»; y un concierto de mil voces de los pájaros que habían anidado en el ombú contestó al saludo de la gran civilizadora, en tan alegre bulla que no pudo menos que contestarles a su vez con un sonoro relincho el moro atado desde treinta y tantos años en el palenque y que se acababa de despertar. Se sacudió también don Aristóbulo, se incorporó, se restregó los ojos, bostezó, se estiró fuerte, y a media voz dijo:

—¡Caramba, que he dormido!

—La verdad —murmuró el gaucho, retirándose unos pasos.

Don Aristóbulo oyó, y viéndose cara a cara con un desconocido que esgrimía, con facha de bandido, aunque todo tembloroso y hecho un susto, un cuchillo casi sin hoja, se puso de pie, preguntándole en tono fuerte:

—¿Y a usted qué se le ofrece?

—Señor —balbuceó el otro—, lo venía a despertar.

—¿A despertar? ¿Con cuchillo? ¿Quién lo manda?

—El juez de paz, señor.

—¿Don Benito?

—¡Oh! no, señor; don Benito murió hace tiempo.

—¿Cómo, hace tiempo?

—Sí, señor, unos diez años.

—¿Diez años?

—Sí, señor. Dicen que usted estaba dormido ya hacía más de veinte años.

—¿Qué dice?

—Así dice la gente, señor; yo no sé, porque hace poco que he venido a estos pagos.

Don Aristóbulo trataba de recobrarse; creía estar soñando aún, y lo que veía alrededor suyo no era para menos: el ombú tan crecido, ese yuyal que lo había invadido todo, hasta tapar casi la vista del rancho.

Sin decir palabra enderezó para las casas, lo que aprovechó el bandido para escabullirse. Don Aristóbulo, bien despierto ya, tuvo que cortar bastantes yuyos con el cuchillo para entrar, y recuperó poco a poco la memoria del pasado; era un recuerdo suave, amortiguado, tierno, pero sin dolor, como si hubieran pasado efectivamente algunos años desde el triste acontecimiento.

Admirado de todo lo que veía y presentía quiso llamar al compañero que le había mandado el juez de paz, por sospechoso que fuera, y rogarle le trajera un caballo, pero vio que se había ido; y como en este momento se hiciera oír otro relincho del moro y otro silbato de la locomotora, ruido éste todavía nuevo para él, marchó como pudo entre la maleza hasta el palenque, y sin tratar de explicarse todavía nada de tantas cosas tan inexplicables, que todo le parecía mentira y todo le parecía verdad, montó en el moro y se largó al campo.

Lo encontró muy cambiado; se había vuelto todo de pasto tierno, cubierto de trébol y cardo, una preciosura. Al poco andar, vio que también estaba muy poblado, y hasta recargado de hacienda. —Intrusos —pensó—, que habrán aprovechado mi sueño para echarle al campo majadas y rodeos —pero al acercarse, vio que todos los animales eran orejanos—. ¿De quién serían entonces? ¿Míos? ¿Cómo diablos podía ser?

Siguió; veía en el horizonte una cantidad extraordinaria de parvas grandes, pero fuera de su campo, y como cuando había quedado dormido se importaban trigo y harina de Chile y de Europa, no se daba cuenta de lo que podían ser; pensó que eran poblaciones; pero ¿para qué tantas casas y tan grandes? Cuando llegó cerca del alambrado, comentó mucho entre sí el gran adelanto que podía esto representar, pero quedó mucho más sorprendido al divisar el terraplén del ferrocarril que se venía estirando desde lejos. En él estaba parado un largo tren de materiales y trabajaban muchos hombres. Comprendió el origen del silbato que lo había despertado, y como —aunque nunca lo hubiera visto— había oído hablar del tren, se asombró de que hubiera podido llegar hasta esos campos tan retirados de la ciudad semejante progreso.

A la vuelta, el gaucho mandado por el juez había sembrado la voz de que el «dormilón» se había despertado, y todos los vecinos se habían amontonado del otro lado del alambrado para saber si era cierto.

No tardaron en ver a don Aristóbulo que se venía al trotecito del moro, lleno del intenso gozo de sentirse vivir, volviendo a tomar posesión de lo que era suyo, en toda la plenitud de su salud y de su fuerza juvenil, pues durante su largo sueño no había envejecido.

El primer movimiento de toda la gente que lo miraba fue de disparar asustada; pero medio la contuvieron los dos vecinos antiguos que habían conocido antes a don Aristóbulo y que aseguraron que era él y nadie más, y que siempre había sido muy buen hombre. Don Aristóbulo, vestido a lo antiguo, de chiripá y de poncho, se venía acercando y quedaba admirado de ver tanta gente en esos campos que siempre había conocido tan solitarios; y viendo que muchos de los que lo estaban mirando debían de ser extranjeros:

—¡Qué de gringos hay por acá! —dijo entre sí, tratando de encontrar en el montón alguna cara conocida.

Al fin, como todos se habían alejado algo del alambrado, menos los dos vecinos antiguos, los pudo ver y reconocer, a pesar de hallarlos muy cambiados y envejecidos, y los llamó por sus nombres, de los que, después de un momento, se pudo acordar.

Vinieron ambos; pasaron por la tranquera, y juntándose con él, después de efusivos abrazos, le impusieron de cuantas cosas habían pasado desde que por una bendición del cielo, seguramente, en medio de su aflicción, se había dormido con tantas ganas. Tuvo preguntas que les hicieron gracia a los viejos, por ejemplo cuando quiso saber si siempre duraba la guerra del Paraguay, si el general Mitre seguía de presidente y si los indios habían vuelto a invadir el Azul.

Cuando supo que realmente había dormido treinta y tres años seguidos, se quería morir; pero no se murió. Y hasta encontró que la vida era cosa linda cuando, los días siguientes, contó su hacienda y se encontró con que tenía cinco mil vacas y veinte mil ovejas, que valían, al corte, tres veces más cada una que cuando había dejado de ocuparse de ellas; y, sobre todo, cuando vinieron a visitarlo chacareros italianos que le ofrecieron de arrendamiento anual, por sus tres leguas de campo, dos veces lo que le habían costado de compra.

Quedó pasmado de veras don Aristóbulo, no tanto quizás por haberse quedado dormido durante treinta y tres años, como de ver los extraordinarios cambios que durante ese tiempo se había producido en su tierra; y le parecía cuento de hadas que semejante fortuna le hubiese podido venir durmiendo.

La piedra de afilar

En posesión de los datos que necesitaba, el forastero viendo que sus caballos habían descansado bien y comido, se levantó para despedirse; pero Celedonio no quiso permitir que se fuera sin almorzar; y se quedaron ambos fumando, charlando y tomando mate, mientras doña Sinforosa preparaba un suculento costillar de carnero.

Cuando estuvo parado el asador, Celedonio sacó de la cintura un cuchillo que era casi nuevo y convidó al forastero a que hiciera lo mismo.

—¿Qué hace, amigo? —le dijo—; corte, no más, a su gusto; sírvase.

El hombre metió la mano a la cintura y vio que había perdido el cuchillo.

—¡Caramba! —dijo—; se me habrá resbalado con el tropezón que dio mi caballo en una vizcachera. ¡Qué broma!

—¿Era de valor? —preguntó Celedonio.

—No, señor, no; una cuchilla sencilla de trabajo, bastante vieja y usada; pero no me gusta andar sin cuchillo, ¡qué quiere!

—¡Bah!, tome éste que es bueno y guárdeselo, que tengo otro; así se acordará de su amigo Celedonio.

—Pero, señor, no me dé su cuchillo nuevo, que cualquiera me bastará hasta que pueda comprar otro.

—¡Qué esperanza, amigo! ¿Cómo le voy a regalar una cosa vieja?

Y como Celedonio insistiera, le dijo el forastero:

—Bueno, mire, don Celedonio; le acepto el regalo, pero, aunque pobre, con algo me tengo que desquitar —y sacando del tirador la mitad de una de esas piedritas de afilar que usan los segadores de pasto para las guadañas, se la ofreció a Celedonio, agregando—: no tengo otra cosa que darle; pero tómela, que no es mala chaira.

Celedonio, para no desairar a su huésped, tomó el pedazo de piedra y dio las gracias; pero entre sí, medio se reía del regalo, pues no valía ni dos centavos, bien tasado, y lo puso en el cajón de la mesa, como para no acordarse más de él.

Al rato, se despidió el forastero, ensilló y montó. Y Celedonio, en el momento en que ya se alejaba al tranco, disponiéndose a galopar, se acordó que se había olvidado de preguntarle cómo se llamaba. Abría la boca para llamarlo, cuando vio... que ya no lo veía más; se había esfumado el hombre, con caballos y todo. Celedonio quedó asombrado, y como había oído muchos cuentos al respecto, no le quedó la menor duda de habérselas habido con algún mandado de Mandinga.

No le quiso decir nada a doña Sinforosa; ¿para qué asustar a las mujeres con esas cosas? Pero se fue derecho a la mesa, abrió el cajón, miró el pedazo de piedra de afilar, lo tomó en la mano, no sin cierto recelo, y maquinalmente, asentó en él el filo del cuchillo viejo con que se había quedado; no le vio nada de particular, y guardando la piedra en el cajón se fue a soltar la majada.

Se acordó entonces que era día de contarla, lo que cada mes hacía para ver si le faltaban o no animales, y al llegar a cien, quiso, como siempre, tarjar en el lienzo del corral. No había hecho gran esfuerzo, por supuesto, para ello, y quedó algo más que sorprendido al ver que con el cuchillo había cortado todo el listón, como si hubiera sido de sebo. Siguió, asimismo, contando las ovejas, pero apenas tocaba la madera con el filo del cuchillo, cuando ya estaba la tarja.

No pudo menos que acordarse del huésped y de la piedra de afilar que le había regalado, y más se acordó de ellos cuando al desollar un capón para el consumo de la casa, vio que sin usar chaira alguna durante todo el trabajo, sacaba el cuero con inacostumbrada facilidad.

Al descuartizar la res, daba gusto ver con qué limpieza y prontitud su cuchillo viejo separaba los trozos y hasta cortaba el hueso, derechito y sin tropiezo cuando no daba bien con la coyuntura.

Varias veces al día tuvo, naturalmente, que valerse del cuchillo para una porción de cosas, y cada vez pudo comprobar que nunca había tenido semejante herramienta. Lo que sí, se dio cuenta de que necesitaba acostumbrarse a manejarla con mucha suavidad, pues de otro modo era como para chasquearse feo y hacer barbaridades.

Por ejemplo, para desvasar su caballo, no necesitaba martillo, pues no tuvo más que recortar artísticamente los vasos como si hubieran sido de alguna pasta blanda; pero también vio que con cualquier distracción hubiera cortado a más de la uña, el pie, estropeando al animal.

De noche, en invierno, solía, después de cenar, ocupar una hora o dos, antes de ir a la cama, trenzando algún bozal o algún par de riendas; y como esa noche iba a cortar un tiento, su mujer le hizo presente que no había, primero, como siempre, chairado el cuchillo; pero contestó él que era cortador, y desarrollando el pedazo de cuero de potrillo que para el objeto tenía reservado en un abrir y cerrar de ojos, tan ligero que casi no tuvo tiempo para darse cuenta de nada, cortó un tiento de todo el largo del rollo, que era muy grande; y lo cortó tan finito y tan parejo, que doña Sinforosa exclamó:

—¡Hombre!, nunca te había visto tan diestro.

—Es que es muy cortador ese cuchillo viejo —contestó Celedonio.

Un rato después, doña Sinforosa quiso cortar para los gatos un pedazo de carne, y como, en ese momento, Celedonio estaba trenzando y había dejado el cuchillo encima de la mesa, lo tomó ella, fue al alero del rancho, cortó una tira de pulpa y la empezó a picar en la mesa; pero vio con asombro que los pocos golpes que había dado con el filo habían bastado para hacer de la mesa un picadillo de madera.

—¿No te decía yo —le dijo Celedonio— que era muy cortador ese cuchillo viejo?

Pero su mujer, que era muy viva, lo miró con unos ojos que bien decían que esperaba otra explicación, y Celedonio, medio riéndose, le contó la súbita desaparición del forastero, y le enseñó la piedra que le había regalado.

Se le ocurrió entonces a doña Sinforosa de probarla ella también; y agarrando un cuchillo viejo de mesa que andaba rodando por ahí, todo enmohecido, lo afiló ligeramente.

Celedonio miraba con curiosidad, pues no había pensado él en esto, y casi creía que solo para su cuchillo tendría virtud la piedra; pronto conoció su error, pues tomando una pata de carnero, su señora la cortó con el cuchillo viejo aquel, en rebanaditas parejas, con hueso y todo, sin el mínimo esfuerzo. Comprendieron ambos que ya no se podía dudar de que ese pedazo roto y, al parecer, inservible de piedra de afilar poseía condiciones maravillosas.

Doña Sinforosa era mujer de muy buena cabeza; y en el acto comprendió que con no divulgar a nadie las propiedades extraordinarias de la piedra, podrían sacar del regalo del buen forastero muchas ventajas.

Celedonio no era lo que se puede llamar, en la pampa, un haragán, ni tampoco lo que, en otras partes, se llamaría un gran trabajador; por esto mismo, doña Sinforosa trató, por un lado, de hacerle ver lo provechoso que les podrían salir ciertos trabajos con semejante ayuda y, por otro, de asustarle con la posible pérdida de la prenda, si la dejaba inútil. Y fácilmente lo convenció de que no debía dejar de buscar y emprender alguno de los trabajos para los cuales es indispensable una piedra de afilar.

No muy lejos de donde vivían, había un saladero que, durante algunos meses, trabajaba mucho, beneficiando miles y miles de vacunos, y pensó doña Sinforosa que Celedonio allí se debía conchabar, pues todavía duraría la faena un mes o dos.

Celedonio consintió y fue a ofrecer sus servicios como desollador. Llevaba consigo el pedazo de piedra de afilar bien escondido en el tirador, el cuchillo viejo, otro grande, nuevito, pero ya probado con la piedra y cortador como él solo, y, para despistar a los curioseadores, una chaira común, de acero.

Justamente acababa de llegar una tropa muy grande que el patrón tenía interés en beneficiar en el menor tiempo posible, y conchabó a Celedonio; pero primero lo quiso probar y lo acompañó a la playa. Una vez ahí, y después de acomodarse para el trabajo, Celedonio tomó sitio entre los demás peones que, por supuesto, lo miraban de reojo, dispuestos siempre a criticar a todo recién venido, y empezó a desollar con el cuchillo viejo el novillo que le había caído en suerte. Los más hábiles desollaban un animal en seis minutos, y esto, de vez en cuando, no siempre; Celedonio, en tres minutos acabó el suyo. Quedaron todos asombrados de semejante rapidez, y el patrón se acercó, abrió el cuero, lo revisó por todos lados, creyendo encontrarlo lleno de tajos o por lo menos de rayaduras; pero tuvo que reconocer que nunca había visto un cuero sacado con mayor limpieza, pues ni una rozadura tenía el pellejo. Y como todavía no habían traído delante de Celedonio otro animal, el patrón dio orden a los peones de apurarse en servirle.

Celedonio, desde entonces, siguió sin parar hasta la noche, desollando veinte y hasta veinticinco novillos por hora, sin un tajo en los cueros. Nunca ninguno de los que ahí estaban habían visto semejante cosa y no faltaron, alrededor del fogón, después del trabajo, las indirectas y pronto las preguntas:

—¿De dónde era? ¿Dónde había trabajado antes? ¿Dónde compraba los cuchillos? Y esto y aquello.

Celedonio a todos contestaba, pero sin soltar el secreto.

El patrón pagaba tanto por animal, pero al final de la faena le dio un buen premio por no haberle echado a perder ni un solo cuero, y Celedonio volvió a su casa con el tirador repleto. Y doña Sinforosa, que había quedado cuidando la majada, solita, pues todavía no tenían hijos grandes, insistió en hacerle comprender cuán ventajoso sería seguir trabajando así. El invierno se iba acabando; había sido muy frío, y los animales habían sufrido mucho, de modo que en septiembre sobrevino una gran epidemia que dejó por los campos el tendal. Celedonio se puso en campaña y trabajó tan bien en la cuerda que ya casi no sabía qué hacer con la plata cuando llegó la esquila.

Para esquilar también salió doña Sinforosa. Dejaron la majada al cuidado de un pariente y se conchabaron ambos en una estancia grande.

El primer día, con la piedra de afilar, dieron a las tijeras tan lindo filo, que juntaron entre los dos cuatrocientas latas, y esto sin un tajo a las ovejas. El patrón decía que de buenas ganas pagaría mil pesos para que todos sus esquiladores trabajasen así, pues acabaría el trabajo en pocos días, evitándole gastos de mantención, demoras por las lluvias, peligros de temporal, etc. Y doña Sinforosa quiso hacer la prueba.

A uno de los esquiladores que le preguntaba cómo hacían ellos para esquilar tan ligero, le dijo que únicamente por el modo especial que ella tenía de afilar las tijeras, y ofreció afilárselas, con la condición de que le diera cincuenta latas por día.

Aceptó el esquilador; entregó sus tijeras a doña Sinforosa y al día siguiente se las devolvió ella, bien afiladas con la piedrita; y el hombre sacó, descansado, sus doscientas latas. Por supuesto, al día siguiente, todos querían hacer con doña Sinforosa el mismo trato, y ella consintió, pero solo después de haber conseguido del patrón la promesa formal de los mil pesos de gratificación.

Volaban del tendal las peladas. Era un incesante ir y venir de majadas en los corrales y chiqueradas en los bretes, y en pocos días se acabó la esquila, recibiendo Celedonio y Sinforosa, por su trabajo personal, por las latas que les tuvieron que ceder los esquiladores y la gratificación prometida, un montón de pesos que ya hubo que colocar en el Banco, porque hubiera estorbado en casa, y Celedonio confesó que con una mujer como Sinforosa, no había más que hacer lo que ella mandaba.

En las noches de invierno, ahora trabajaban ambos en fabricar bozales y riendas de complicadas trenzas, no alcanzando, a pesar de su rapidez en concluirlos, a hacer todos los que les hubieran querido comprar las casas de negocio.

Doña Sinforosa insinuó un día a su marido que no hay que desperdiciar, en este mundo, ningún medio de aprovechar, y le dijo que quizás, haciendo apuestas de vez en cuando, también podría ganarse buenos pesos. Siempre se acordaba ella de cómo había podido, con un mal cuchillo, apenas afilado con la piedra aquella, cortar en rebanaditas, con hueso y todo, una pata de carnero. ¡Mire qué lindo sería cortar así un buey entero, y, pensándolo bien, nada sería más fácil!

Así lo pensó Celedonio; e hizo la prueba con un carnero, en su casa, cortándolo, después de carneado, en redondeles, como salame, desde el hocico hasta la punta de la cola.

Lo difícil era encontrar quien sostuviera una parada que valiese la pena.

Cuando empezó de nuevo la faena en el saladero, un día le preguntó uno de los compañeros si sabía charquear tan bien como desollar, y aprovechó Celedonio la ocasión para decirle que se animaría a cortar un buey en redondeles como salame, con cuero, huesos y todo, nada más que con el cuchillo. Se burlaron de él, pero dejó que se burlaran y sostuvo su palabra, tanto que el patrón, habiendo oído contar la cosa, quiso saber hasta dónde podría llegar semejante jactancia, y le ofreció poner a su disposición un novillo para la prueba.

—Pero si no cumples con tu palabra, perderás todo tu sueldo de un mes.

—Bueno, patrón —dijo Celedonio—, pero si cumplo, ¿me duplica usted ese mismo sueldo?

Al patrón no le gustaba mucho decir que sí, porque le había causado tanta admiración el modo de trabajar de Celedonio, que no lo creía del todo incapaz de hacer lo que ofrecía; pero todos los peones estaban ahí, tan deseosos de que se verificara la prueba, tan seguros de que no iba a poder, que pensando, por otra parte, que por cortador que fuera el cuchillo, pronto se mellaría en los huesos, aceptó la apuesta.

Un domingo trajeron a la playa un novillo gordo y grande, lo desnucaron, lo degollaron, le sacaron la panza, y en medio de un gran concurso de gente, se aprontó Celedonio a principiar la obra. Tenía, por si acaso, dos buenos cuchillos, bien afilados con la piedra del forastero.

En el momento en que iba a empezar, una voz —algo parecida a la de doña Sinforosa— gritó de entre la gente:

—¡Cien pesos al patrón! —y fue como una señal; todos comenzaron a gritar, apostando también contra Celedonio. Pero éste se sentía, en aquel momento, tan confiado en sí, que alzando la voz, contestó:

—¡Pago a todos, y por lo que quieran!

Y todos acudieron presurosos a depositar diez, cien, cinco, lo que cada uno podía. Doña Sinforosa —la muy pícara—, mientras tanto, aseguraba que su marido era loco, y que, seguramente, iba a perder la apuesta, Y muchos, al oírla, duplicaban la parada. Fueron tantas las apuestas, que si falla Celedonio, pierde todo lo que tenía, Y quizás algo más.

Pero, ¡cuándo iba a fallar! Empezó la función: cortó la punta del hocico, y después, en rebanadas, como él lo había prometido, las mandíbulas con los dientes, carrillos, lengua y todo; y toda la cabeza, el cráneo y las astas, y el pescuezo; e iba poniendo encima una de otra las tajadas con tanta prolijidad, que hubiera parecido enterita la cabeza a quien no la hubiera visto recortar.

Empezaron a temblar por los pesos, y algunos, arrepentidos, trataron de salvarse apostando ahora por Celedonio; pero muy pocos eran los porfiados, y cada uno tuvo que quedarse con su respectivo clavo.

Y siguió nuestro amigo cortando y cortando, como chanchero despachando gelatina, hasta acabar con todo el animal, hasta la punta de la cola, sin haber precisado siquiera mudar cuchillo.

A pesar de los muchos pesos que les costaba la apuesta, lo aclamaron todos, pues esa gente sabía lo que es un buen trabajo con cuchillo.

Celedonio y Sinforosa se fueron para su rancho, cargados de plata y muy contentos, por supuesto. Pero era ya casi de noche y dos de los peones del saladero, bandidos conocidos, que habían apostado fuerte contra Celedonio, quisieron recuperar lo perdido y también robarle lo que llevaba.

Le ganaron la delantera, y cuando Celedonio y su mujer estaban ya por llegar a su casa, los dos forajidos, cuchillo en mano, les atajaron el paso. Celedonio era guapo y no vaciló; al primero le atracó un tajo que, antes que hubiera podido detener la mano, lo cortó al gaucho en dos medias reses perfectas que cayeron a ambos lados del mancarrón, y de un revés le quitó al otro la parte superior de la cabeza, con el sombrero encima, dejándole el cráneo como caja destapada, y dejándolos tendidos en el campo fue a explicar a las autoridades cómo había sido la cosa. No solo lo dejaron en libertad, sino que lo felicitaron, y desde entonces, no tuvieron más, Celedonio y Sinforosa, que dejarse vivir, bendiciendo al forastero generoso que les había dado el medio de ganarse tan bien la vida.

Cuentan que uno de sus sucesores, un haragán que heredó la piedra, pero no la supo utilizar para nada, la perdió en el campo y nunca la supo hallar.

Puede ser que alguno la encuentre, pues hasta hoy queda perdida.

El hombre que hacía llover

Don Benito era un pobre gaucho muy dado a la bebida. No tenía campo, ni hacienda, ni ganas de tenerlos, y bien podía haber sequía o crecidas, para él era lo mismo, pues cuando donde se hallaba las cosas andaban mal, echaba por delante los zainos y se mandaba mudar a otros pagos.

La sempiterna conversación de los hacendados sobre la lluvia y el buen tiempo lo tenía fastidiado, y si algún vasco ovejero le preguntaba si, a su parecer, pronto tendrían agua, solía contestar que con tal que no faltase la caña, no había por qué afligirse.

Una noche volvía a su guarida medio bamboleándose en el caballo, cuando, a la claridad de la Luna, vio relucir en el pasto un objeto desconocido. Se apeó, lo alzó, lo miró, lo echó en el bolsillo del saco, y volvió a subir en el mancarrón.

Hacía como dos meses que no llovía; el cielo estaba más despejado que nunca, y, cosa rara, mientras alzaba el objeto y lo miraba rápidamente, se lo ponía en el bolsillo y volvía a montar, llovió un rato, cesó de llover, volvió a caer agua y paró otra vez.

—¡Oh! —pensó el gaucho—, ¿qué será esto? ¡Y moja esta agüita!... Lindo para el campo; les gustará a los vascos.

Y se fue; llegó al rancho, desensilló y colocando en una mesa el hallazgo, durmió como una piedra.

Al día siguiente, ya algo compuesto, volvió a mirar el objeto con más atención y pensó que debía de ser una de esas cosas como había visto en una estancia, para hacer llover: mómetro, rarómetro, no se acordaba bien.

—Y así es, no más, de fijo —murmuraba don Benito, acordándose que cuando lo encontró cayeron dos aguaceritos, cortitos, pero tupido uno de ellos.

Este debía de ser de los buenos. Los hay que solo sirven —según dicen— para marcar el tiempo que hace y el calor que hay; pero no hacen llover; y con tiritar o sudar y mirar el cielo, ya uno lo sabe todo; éste era otra cosa.

Para probarlo, salió al patio con la prenda. Era una tablita de metal, angosta y larga, con un tubito de vidrio en el medio, lleno de un líquido que, al menor movimiento, iba y venía.

Don Benito la tenía horizontalmente en la palma de la mano y la miraba con mucha atención, sin encontrarle nada de particular; solo que, en vez de tener como la que antes había visto, rayitas y números, no tenía más que una muesquita en una de las puntas.

De un movimiento brusco la enderezó poniendo la muesca abajo, y en seguida empezó a llover a cántaros. Sorprendido por el agua, corrió al rancho, llevando ya horizontalmente la tablita, y antes que llegase a la puerta, que estaba cerquita, ya no llovía.

—¡Caramba! —exclamó.

Y volviendo a salir, enderezó otra vez la tablita, siempre con la muesca por abajo, y volvió a llover: la puso después con la muesca para arriba, y no solamente dejó de llover, sino que empezó a soplar un viento que todo lo secaba, mientras el Sol se ponía ardiente; la colocó por fin en la palma de la mano, y el día se hizo apacible, primaveral. Hizo entonces con la tablita todos los movimientos posibles, y pudo comprobar que según ellos, o se desencadenaban los elementos y llovía torrencialmente, o llovía despacio o dejaba de llover y soplaba el viento con suavidad o con violencia. Y el gaucho se divirtió un gran rato con mover la tablita, ora despacio, ora bruscamente, por un lado y por otro, poniéndola de repente en las posiciones más contrarias, de modo que toda la vecindad, y esto en un radio de cincuenta leguas de pampa, más o menos, habría podido creer, de seguir el juego, que los elementos se habían vuelto locos y que estaba ya cercano el fin del mundo. Todos los trabajos habían quedado suspendidos, no sabiendo ya la gente asustada qué hacer ni qué pensar.

76

Por suerte duró poco, pues don Benito, bien enterado ya del poder extraordinario de la tablita de metal que tan casualmente había encontrado, pensó que algo más tenía que hacer con ella que divertirse, y resolvió ver si podía sacar para sí algún provecho de esas benéficas lluvias, de que a cada rato solían decir todos que eran patacones, y que según parecía, podría distribuir a su antojo.

Guardó en el bolsillo del saco la tablita, y se fue para la pulpería. Allí, entre dos copas, empezó a asegurar con convicción que toda la noche llovería. Un hacendado contestó que sería muy bueno, pero que, a pesar de los aguaceritos imprevistos que habían caído aquella mañana, el tiempo no anunciaba agua.

—Pues yo le digo —porfió don Benito— que va a llover toda la noche.

—No va a llover nada —insistió el otro.

—¡Cien pesos a que llueve! —gritó don Benito.

—¿De dónde sacaste los cien? —le preguntaron.

—Respondo con mi tropilla, señor. Y por lo demás, va a llover; ¿no le digo?

—¡Me gusta el hombre! —exclamó el estanciero—. Parece que fuera Dios. Bueno; ¡pago, por los cien!

—¡Pago! —dijo don Benito.

Y viéndose ya rico, pasó todo el día gastando en copas y en convidadas algo de lo que consideraba ya ganado.

A la oración, a pesar de no haber ni señas de tormenta, pidió con toda seriedad una bolsa y fue a tapar el recado en medio de las risas de los presentes. Pensaba, una vez en el patio y lejos de toda mirada indiscreta, sacar del bolsillo la tablita despacio, levantarla con precaución, para que primero viniese mansa el agua, y colgarla después en alguna pared para que siguiese lloviendo fuerte hasta la madrugada, en que ya podría ir a cobrar los cien pesos.

Puso, no sin alguna emoción, la mano en el bolsillo del saco... ¡Nada!... No estaba la tablita. Quedó tieso: y busca que te busca, ¡nada! ¿Habría saltado del bolsillo a la venida? Don Benito no se acordaba muy bien si, desde entonces, la había o no sentido en el saco. Lo cierto es que no estaba y que en ninguna parte la podía encontrar. Se fue al rancho sin decir nada a nadie, y al día siguiente se mandó mudar, prefiriendo que lo tratasen en su ausencia de cualquier cosa, antes que entregar la tropilla, lo único que poseía. Se fue lejos; galopó leguas y leguas, y por todas las regiones que iba cruzando parecía llevar consigo la sequía. Y debía de ser así, pero no sabía don Benito a qué atribuirlo, cuando un día, al descolgar el saco para ponérselo, lo dejó caer entre una silla y la pared, y en seguida empezó a llover.

Sorprendido por ese aguacero tan repentino, no pudo menos de pensar que era producido por el misterioso talismán; alzó con precaución el saco, y cesó el agua; tanteó entonces por todas partes, recorriendo con la mano las costuras, y acabó por descubrir la tablita entre el forro y el paño. Al caer el saco, medio detenido por la silla, se había vuelto a su posición horizontal y había cesado la lluvia. ¡Lo que son las cosas!

Don Benito, por supuesto, se alegró mucho de hallarse otra vez en posesión de la preciosa tablita, y quiso primero que todo el vecindario estuviese de parabienes; pero sea que fuese hombre de poco tino —lo mismo, por lo demás, que sus desconocidos antecesores—, sea que los habitantes de la llanura fueran en aquel entonces unos majaderos, nunca supo contentarlos.

Nada más fácil, al parecer, que regar con moderación la tierra cada vez que lo necesita. Pues, señor, nunca acertaba.

Habiendo oído que, juntos, se quejaban por falta de agua, un agricultor y un estanciero, y deseoso de servirles, por ser buena gente, que siempre lo convidaba, colocó don Benito, sin decirles nada, su tablita de hacer llover con la muesca para abajo, y la dejó así dos días y dos noches. Llovió, naturalmente, una barbaridad; y después de haber vuelto a poner horizontalmente la tablita, se fue a la pulpería para gozar de la satisfacción de sus protegidos. Pero salió el del trigo con mil improperios contra el encargado de hacer llover que nunca sabía lo que hacía, que echaba a perder los trigales con diluvios después de haberlos dejado secar, mientras que el hacendado hacía una mueca de desprecio por la poca agua que, según él, había caído.

Don Benito, durante un tiempo, hizo todo lo posible por contentar a todos, pero pronto vio que no era posible: el que estaba cosechando lino gritaba por una gota de agua que, por casualidad, cayera en su campo; el que tenía maíz sembrado clamaba, después del aguacero, por no haber tenido también aquella misma gota; el hacendado hubiera querido agua cada dos días en las lomas de su campo, sin que se mojasen los bajos. Los dueños de alfalfares siempre lloraban por agua, y cuando se la daba, nunca dejaba alguno de ellos de maldecirla por estar justamente a punto de segar o de emparvar.

Lo más lindo era que ni con sus propios caprichos salía bien don Benito. Habiendo el pulpero organizado para el domingo unas grandes carreras, don Benito, siempre escaso de pesos, le pidió algo prestado el día antes; el comerciante se lo negó. Don Benito se fue para su rancho, enojado, y al llegar, colgó la tablita con la muesca para abajo. Llovió toda la noche y todo el día siguiente; por supuesto, no hubo carreras, y el lunes se fue a la pulpería el gaucho, para gozar, calladito, del éxito de su travesura. Cuando entró, oyó que el pulpero a quien pensaba haber perjudicado tanto, exclamaba, contentísimo:

—¡Agua rica, que me ha salvado las cien cuadras de maíz que tengo sembradas en el puesto del Catalán!

Don Benito, renegando, resolvió desde entonces dejar entregado a sus más locas fantasías de borracho el manejo de la tablita: la colgaba patas arriba, la volvía patas abajo; de repente armaba una sequía bárbara, de repente hacía llover a cántaros. Pero, asimismo, al fin y al cabo, las quejas y las congratulaciones eran las mismas que antes.

Un día, con la manada, se le ocurrió dar a todos un chasco que quedase en la memoria de los hombres. Anunció en la pulpería, como si fuera profeta, un gran diluvio. Fue a su rancho, colgó en un rinconcito muy oscuro y muy escondido la tablita de metal, con la muesca para abajo, cerró la puerta y se fue a sesenta leguas de allí.

Llovió en toda la comarca, fuerte y parejo, todo el día y toda la noche, y siguió, sin parar, días y noches, fuerte y parejo.

Los campos, en su mayor parte, estaban anegados, las haciendas no cabían en las lomas y empezaban a morir. La situación era desesperante.

Pero del exceso del mal salió la salvación. El misterioso personaje que había perdido la tablita de hacer llover, andaba como loco por la pampa, buscándola.

Cuando supo del diluvio aquel, no tardó en sospechar lo que pasaba. Tomó secretamente sus informes. La desaparición de don Benito, después de su profecía, no dejó de llamarle la atención. Fue al puesto del gaucho, lo registró con ojo certero y no tardó ni dos minutos en encontrar, colgadita en la pared, con la muesca para abajo, su tan buscada tablita de hacer llover. La descolgó, le dio vuelta despacito y poco a poco la colocó al revés. Cesó el agua, sopló el viento, brilló el Sol, y empezaron a respirar los pobres estancieros.

Don Benito, justamente, calculando que ya había durado bastante su amable chanza, se había puesto en viaje para venir a dar vuelta la tablita. Cuando llegó a la comarca que tan bien había regado, extrañó ver que no llovía más y que con el soplo del pampero se empezaba ya a secar el campo. Enderezó para su rancho; pero tenía que vadear un arroyito, y el arroyito, por su culpa, se había vuelto un río, y don Benito, en un remolino, fue volteado del caballo, arrollado por las olas, y tragando en una sola vez más agua de lo que en toda su vida había tomado de caña, se ahogó.

Desde entonces, han tenido buen cuidado los encargados del manejo de las nubes, de no extraviar más sus tablitas de hacer llover; y si, de vez en cuando, por el modo con que molestan a los hacendados y agricultores, parecen haberse vuelto, ellos mismos, un poco locos y hasta perversos a veces; solo es que sufren ligeros descuidos o que ceden, sin pensar, a estos pequeños caprichos y fantasías, tan comunes y tan excusables, por lo demás, entre gente de gobierno.

Los huevos de avestruz

En aquellos pagos, ya muy poblados y relativamente cercanos a la gran ciudad de Buenos Aires, hacía tiempo que no se veían avestruces, cuando inesperadamente corrió la voz de haber aparecido uno, hembra, al parecer. Iba solo, zanqueando por los campos con tanto apuro, que por todas partes a la vez parecía que lo habían visto, y muchos vecinos que nunca siquiera habían tenido boleadoras, inútiles ya entre puros animales mansos, se empeñaron en fabricarlas, por si acaso. Pensar en boleadas en estancias todas divididas en potreritos y pobladas de haciendas refinadas era más bien resabio de criollismo que idea de gente cuerda, pero también saber que por allí anda un avestruz y no sentir la tentación de buscarlo para meterle bola, hubiera sido ya por demás cosa de gringo.

La verdad es que aunque nadie lo hubiese todavía tenido a tiro, nadie tampoco había que no le hubiera visto correr a lo lejos, por lo menos una vez, y esto sin que los alambrados parecieran incomodarlo.

Una mañana, don Joaquín, pobre puestero a sueldo de una estancia grande, cuyo campo había poblado, antes que fuese de nadie, su propio padre y el cual había nacido, encontró por fin un huevo del avestruz. Lo alzó, muy contento, pues parecía fresco y pensó que con él su patrona iba a poder cocinar una tortilla rica que alcanzaría para toda la familia.

Don Joaquín era un hombre muy bueno, muy servicial, algo entendido en remedios caseros, tanto para la gente como para los animales, y siempre dispuesto a poner a disposición del prójimo, desinteresadamente, su pequeña ciencia y su buen corazón. Justamente venía, cuando encontró el huevo de avestruz, de asistir a otro pobre gaucho enfermo y, por la misma ocasión y con el mismo remedio, de curarle un caballo que se le había mancado del encuentro.

Cuando llegó a su casa, entró triunfante en la cocina y enseñó a su mujer el huevo.

—Bien decían —dijo ésta— que por aquí andaba un avestruz. ¡Qué cosa rara!, ¡has visto!

—La verdad —contestó don Joaquín—, que quién sabe de dónde puede haber venido. Hace más de treinta años que por estos pagos no hay más avestruces. Bueno —agregó—, de cualquier modo lo vamos a comer; dame una cacerola.

Don Joaquín sacó el cuchillo y a golpecitos empezó a romper por el medio la cáscara. De repente soltó cuchillo y huevo encima de la mesa, y todo asustado, se fue, llevándose del brazo a la mujer hasta la puerta y con ella salió al patio. Pero en este momento oyeron una vocecita armoniosa que, desde la mesa de la cocina, les gritaba:

—Vuelva, don Joaquín; no se asuste que no le voy a hacer daño; vuelva, señora, no me tengan miedo.

Se atrevieron a mirar y vieron, parado en la mesa, entre las dos medias cáscaras, un gauchito chiquito, pero hermoso, lo más elegante y bien vestido, de chiripá negro, de blusa bordada, de pañuelo punzó, de botas finas, con un tirador, un cuchillito de cabo y vaina de plata que era toda una joya.

Era hombre, pues tenía barba, barba negra y en punta, y también facha de hombre resuelto, con el ala del sombrero bien levantada por delante, pero era toda una monada de gauchito.

—Vengan, nomás, acérquense; vengan —repitió, y el ademán y la voz eran tan atrayentes, que don Joaquín y su mujer, perdiendo el susto, se adelantaron algunos pasos y saludaron al gauchito con el mayor respeto.

—Hombre —le dijo éste a don Joaquín—, he sido mandado por mi padre Churri, el Avestruz, para decirle que usted no debe quedar más en estos pagos donde por buen gaucho que sea, nunca hará más que vegetar. Entregue cuanto antes a su dueño la majada que usted cuida y póngase en viaje. Galopará veinte días, al Sur o al Oeste, como quiera, y llegará a los dominios de Churri, mi padre, quien le asegurará el porvenir a usted y a su familia.

No había tenido tiempo don Joaquín de volver de su sorpresa, cuando ya había desaparecido el gauchito pero quedaba en la mesa la cáscara rota del huevo del avestruz, y él y su mujer la estaban todavía mirando sin saber qué pensar, cuando ladraron los perros.

Se asomó el puestero, y viendo que el que llegaba era el mismo patrón de la estancia, le salió a recibir y le hizo entrar en la cocina.

Lo primero que vio el patrón, al entrar, fue la cáscara de huevo, y medio enfadado, dejó entender a don Joaquín ya que era una novedad en el pago, no hubiese sido más que cabal atención de su parte haberlo llevado a la estancia. Joaquín iba a dar por excusa su pobreza, y la poca carne que le proporcionaba la estancia, cuando el patrón, interrumpiéndole, le dijo que venía a contar la majada.

—Pues, patrón —le contestó el puestero, ya como tomando su resolución—; cae de perilla, pues pensaba entregársela.

—¿Entregarme la majada, don Joaquín?, y ¿por qué?

—Mire, señor; me tengo que ir; la orden me la trajo ese huevo de avestruz. Y se lo contó todo.

El patrón, por supuesto, se rió mucho de lo que creía una ocurrencia de don Joaquín; pero viendo que éste insistía, no puso más obstáculo, creyéndolos a él y a la mujer locos de atar y le recibió la majada.

El día siguiente, a la madrugada, se puso en viaje don Joaquín con la tropilla, dejando a la mujer y a sus hijos en casa de unos parientes; y galopó veinte días, cruzando campos desconocidos, y acabó por llegar, al vigésimo día a la noche, a un paraje donde abundaban los avestruces. Encontró allí un rancho, muy bueno, con su palenque, su corral y todo: llamó, pero nadie le contestó, y atando el caballo, se decidió a entrar. La habitación era nueva; había muebles, nuevos también; todo sencillo, pero confortable, y en una mesa había un candelero con su vela y unos papeles. Don Joaquín encendió la vela y vio que en la carátula de dichos papeles estaba escrito su nombre; no leía con mucha facilidad; pero, sin embargo, a fuerza de fijarse, acabó por comprender que estos papeles eran los títulos de una buena extensión de tierra, y las boletas de marcas y de señales de vacas y ovejas cuyo número respetable apuntado en otro papel lo llenó de júbilo.

Descansó esa noche en la casa que así le regalaba Churri, y a la madrugada recorrió el campo, reconoció sus haciendas, y dejando que comiesen pasto, nomás, pues en esas alturas y en semejante soledad no necesitaban mayor cuidado, emprendió la vuelta.

Pronto se supo en todas partes la suerte que le había tocado a don Joaquín y todos se congratularon de que en él hubiese caído por haberlo merecido tanto con su bondad y su genio servicial. Lo acompañaron, cuando salió con la familia para su nuevo destino, los votos de felicidad de todos los vecinos.

Pero más de uno pensaba que el avestruz que siempre andaba vagando por allí iba a poner más de un huevo, y las miradas de todos cuando galopaban iban ahora siempre fijas en el suelo como en busca de algo perdido.

El antiguo patrón de don Joaquín se había vuelto presa de una actividad desconocida; se pasaba ahora los días enteros recorriendo el campo, pues calculaba que el avestruz vendría, como siempre suele hacer, a poner todos su huevos en el mismo paraje. Más o menos sabía dónde Joaquín había encontrado el primero, y de ahí no salía, pastoreando.

Un día que había pasado toda la mañana calculando lo que le costaban de carne ciertos puesteros que tenían muchos hijos, y lo que les podría agregar de más en la cuenta de gastos a los que cuidaban a interés, por remedio para la sarna, y lo que les podría mochar en el precio de la lana, encontró justamente un huevo de avestruz.

No fue lerdo para alzarlo, y allí mismo con el mango del cuchillo lo quebró. Salió, con un olor a podrido que daba asco y un zumbido asustador, todo un enjambre de moscas y moscones de todos colores que se perdieron por el espacio.

—¡Bien sabía yo que era mentira el cuento de Joaquín! —exclamó, y tirando con rabia la cáscara, volvió a su casa, donde, por supuesto, a nadie dijo nada.

Pero desde entonces empezaron a morir en la estancia por centenares animales de todas clases, sin que los veterinarios más sabios pudiesen acertar con la enfermedad que diezmaba estas haciendas.

Lo que no impidió que siguieran todos con los ojos en el suelo buscando huevos, pues el avestruz siempre andaba por allí; y dio la casualidad que Esteban, un buen muchacho, trabajador y pobre, muy enamorado de una preciosa morocha con quien se hubiera querido casar, también encontró uno. Se lo alzó, y, naturalmente, su primer pensamiento fue regalarlo a la dueña de su corazón, y lo llevó a casa de ella. Pero cuando lo vio llegar al palenque, el padre, un hombre de esos que se figuran que solo se puede calcular la felicidad futura de un matrimonio por el número de vacas que poseen los novios, vino a su encuentro y le preguntó con tono áspero lo que se le ofrecía.

—Venía —dijo Esteban— a ofrecer a la niña Edelmira este huevo de avestruz que encontré en el campo.

—¡Ah! —contestó el padre, ya ansioso de poseer lo que bien pensaba debía contener alguna maravilla, por lo que había oído contar de don Joaquín—. ¡Bien!, démelo a mí, que se lo entregaré.

El modo con que se le hablaba no dejaba lugar a réplica, y el joven entregó el huevo al verdugo de sus amores, volviéndose triste y cabizbajo hacia el palenque.

Mientras tanto, apurado, entraba el padre en su casa, y con el cuchillo, de un golpe, partió en dos la cáscara del huevo. Y salto en la mesa, ágil y bizarro, el gauchito, hijo y mandadero de Churri. Antes que hubiera podido el hombre volver de su sorpresa, le ordenó en tono perentorio que llamase a Esteban, y como pareciera vacilar, le repitió:

—¡Llámelo!

Corrió esta vez a la puerta el padre de Edelmira y llamó a Esteban, que demoraba la salida cuanto podía, cinchando y componiendo el recado.

Dejó cincha y bajeras y se vino ligerito. Le hizo entrar el suegro de sus sueños en la pieza, y el gauchito con aire severo, dijo al dueño de casa:

—Churri, el Avestruz, mi padre, manda que usted, bajo ningún pretexto, se oponga al casamiento de su hija Edelmira con el joven Esteban, porque se quieren y que esto basta. Y cuidadito, señor mío, con desobedecer a Churri, el Avestruz.

No había con quien discutir, pues ya no quedaba más que la cáscara rota del huevo, y el casamiento se hizo en seguida, y toda clase de prosperidades acompañaron a la joven pareja.

Más que nunca, cuando supieron esto, siguieron todos buscando huevos; pero eran escasos. Hablaron, es cierto, de un hacendado de poco capital, pero muy empeñoso y muy progresista, que al romper el huevo que había encontrado, vio salir un toro como ni pidiéndolo a Inglaterra lo hubiera conseguido, y que fue para él toda una fortuna.

Otro, un borracho perdido, quien por su vicio iba sumiendo en la más profunda miseria a su numerosa familia, saltó de alegría al encontrar en un huevo un gran porrón de ginebra; y se chupó un trago tan largo que quedó dormido allí, nomás, entre los pies de su flete. Pero, al despertar, se encontró con un gusto tan especial en la boca, que, para toda la vida se le fueron las ganas de tomar y volvió a trabajar como hombre bueno que al fin era, y a prosperar.

También contaron de un huevo de avestruz hallado por un jugador empedernido y tramposo como él solo, y que contenía un juego de barajas.

No quiso el hombre perder tiempo y se fue a la pulpería a probar la suerte. Se encontró justamente allí con un infeliz que no tenía más que un pequeño rodeo y mucha familia, y pensó que le iba a ganar, robando, las vaquitas.

El otro, que no era jugador de profesión, pero no se negaba a hacer de vez en cuando un partido, aceptó el desafío y empezaron a jugar; pero cuanto más quería trampear el de los naipes de Churri, más perdía, y tanto perdió que pudo su contrario comprar otro pequeño rodeo de vacas para mantener a su mucha familia.

Aunque no dejase la gente de saber que no siempre salían los huevos de avestruz al paladar del que los encontraba, no faltaba quien los buscara; y un gaucho muy peleador habiendo un día encontrado uno, se lo llevó hasta una pulpería donde había carreras. Allí, lo enseñó a la gente reunida y anunció en voz alta que delante de todos lo iba a romper.

La curiosidad era intensa. ¿Qué iba a salir? En manos de semejante matón, quizás un facón con el cual los degollaría a todos. Muchos fueron los que con prudencia se escurrieron, y los que quedaban, más quedaron por compromiso de vanidad que por otra cosa.

Por fin el gaucho rompió el huevo, y con un ruido formidable, de la cáscara salió el habitual mandadero de Churri, pero esta vez bajo la forma de un gaucho gigante, y con una voz que parecía trueno, le dijo:

—Por orden de mi padre Churri, el Avestruz, cada vez que quieras pelear, vendré yo y te pegaré una paliza con este rebenque.

Y desapareció, dejando en los ojos del pobre camorrero anonadado la visión de un rebenque capaz de reventar un buey con un solo golpe.

A pesar de esto, no supo resistir a la tentación de alzar y romper otro huevo de avestruz un cuatrero que acababa de carnear un animal ajeno y se llevaba en el mancarrón un gran trozo de carne y el cuero. De la cáscara surgió un sargento de policía armado y vigoroso, que lo ató codo con codo, en un abrir y cerrar de ojos, y se lo llevó a la comisaría con todo el botín.

El último de los huevos del avestruz de que se habló fue encontrado por el juez de paz del partido. Podía, por cierto, el huevo contener muchas cosas buenas o malas, pero cuentan que después de dar alrededor de él dos o tres vueltas, sin apearse, el juez de paz, de repente, castigó fuerte al caballo y salió a todo galope, sin volverse para atrás... ¿No le gustarían los huevos de avestruz, o no se atrevería a probar la suerte?

El hombre del facón

Había una vez en la pampa, al sur, cuando todavía la población por aquellos pagos era escasa y la civilización poco adelantada, un gaucho muy malo, que debía muchas muertes y que era el terror de toda la comarca.

Siempre llevaba en la cintura un larguísimo facón, de cabo de plata y de hoja de acero, cortante como navaja y puntiaguda como aguja de coser; y contaban todos que con él había vertido la sangre de un sinnúmero de seres humanos, gauchos y extranjeros, policianos o trabajadores, sin que nunca hubiera todavía encontrado al hombre que le hiciera frente, si no con valor, por lo menos con suerte.

Aun peleando en son de juego, muchas veces, sin pensar, se le había ido la mano, y en medio de la inocente distracción, acostumbrada entonces entre los gauchos, de sacarse con destreza unas pocas gotas de sangre de algún tajo leve en el brazo o en el rostro, de repente había hundido entre las costillas el facón hasta la ese, matando sin remedio al que solo había querido marcar.

Nadie sabía cuál era su nombre de pila, pero todos creían que no lo tenía, por parecer imposible que ningún santo, ni entre los de más humilde ralea, hubiera permitido que llevase el suyo semejante criminal; y todos, sin averiguar tampoco por su nombre de familia, le llamaban «el hombre del facón».

Y el hombre del facón era temido en todas partes de tal modo, que bastaba su aparición en alguna pulpería o en alguna carrera para que muy pronto se disolviera la reunión, escurriéndose despacio cada uno para su casa deseoso de rehuir las peleas y bochinches, inevitables donde él estaba, y que casi siempre acababan por un velorio.

No siempre se podían ir todos; pues, apenas entrado, convidaba a los presentes, y desgraciado del que se negase a aceptar; ya empezaba él a mover los ojos de terrible modo, amenazando, chocando, insultando y tomando copas y más copas hasta que sacaba a relucir el facón, desafiando a algún infeliz que pronto le servía de pretexto para «desgraciarse» una vez más, y cuya muerte, aunque fuera sin combate, aumentaba en algo su prestigio de matón.

Su fama de gaucho malo era tal, que cuando algún niño hacía alguna picardía o lloraba muy fuerte, bastaba que la madre, enojada, gritase:

—¡Ya viene el hombre del facón! —para que se callara o disparara el muchacho, temblando de susto.

Y Manuelito, lo mismo que los demás chicos, y también que muchos grandes, tenía, sin haberlo visto jamás, un miedo cerval al hombre del facón.

Una tarde que estaba cuidando en el campo la majada, vio venir derechito a él, saliendo de la pulpería, a un gaucho que, por las señas —pues llevaba a la cintura un gran facón—, adivinó que debía ser el hombre famoso aquel. De buenas ganas hubiera abandonado la majada, a pesar de las recomendaciones paternas, por estar ella en plena parición, pero no pudo; quedó como paralizado por el terror. Y el hombre del facón se venía acercando, muy despacio, por suerte.

El muchacho lo estaba mirando de lejos, con los ojos redondos de miedo, creyendo llegada su última hora, cuando de repente se vio rodeado por los geniecitos de la padrera. Eran muchos, y en un minuto se treparon en el caballo de Manuelito, saludándolo gentilmente, acariciándolo con flores, dándole, entre sonrisas afables, consejos para el buen cuidado de su majada y la buena preparación de su parejero. Eran muy amigos con Manuelito porque éste siempre trataba bien a los animales, y por esto lo querían mucho, ayudándolo en todo, divulgándole los secretos de su madre la naturaleza, enseñándole poco a poco esas mil cositas, indiferentes, al parecer, o inútiles, pero que, sin embargo, constituyen la ciencia del pastor, establecen y conservan su dominio sobre las haciendas y le permiten contrarrestar, siquiera en parte, los males y las plagas que nunca dejan de perseguirlo.

Ya se sintió confortado el muchacho con la presencia de sus pequeños amigos, y les contó en voz baja su inquietud, su temor, enseñándoles al hombre del facón que se venía acercando.

Los geniecitos de la pradera son pequeños seres, visibles solo cuando quieren, lo que raras veces sucede, y únicamente para los a quienes quieren, que son pocos. Su poder consiste en que son muchos, muy vivos, muy activos, muy traviesos, y dispuestos siempre para la chacota. Cuando vieron al hombre del facón —pues era él, nomás—, al momento se dieron cuenta de que venía completamente ebrio. Andaba al tranco, bamboleándose, y con una guitarra en la mano. Los geniecitos, en el acto, organizaron la función.

No se puede decir que de veras aparecieron, vestidos de policianos, bien armados y montados en buenos caballos, pues nadie los vio así más que el mismo hombre del facón y Manuelito; pero ambos, después, así lo contaron, y fuera de algunos detalles que al gaucho le incomodaban y que por esto calló, o modificó, ambos lo contaron del mismo modo.

Aseguró Manuelito —y a él se le podía creer, porque no era muchacho embustero—, que al ver por delante una gran partida de policía, el hombre del facón casi recuperó su sangre fría. Acostumbrado como estaba a poner en fuga a los milicos con solo desenvainar la famosa daga, se fue sobre ellos con ella en una mano y la guitarra en la otra.

El desbande fue todavía más rápido que de costumbre, pues de repente el gaucho se encontró con que nadie le hacía frente; sujetó entonces el caballo, blandió el facón y la guitarra y haciendo, de un espolazo, revolear el mancarrón, cuyos movimientos seguía su cuerpo flexible, ablandado por la borrachera, como si hubiera sido una bolsa de estopa, empezó a insultar a gritos «a esos maulas que siempre disparaban».

Y todavía gritaba cuando volvieron, de repente, ¿quién sabe por dónde?, y sintió el hombre del facón que un policiano le quitaba la guitarra y otro la daga. Otro le volteó el sombrero, otro le rajó el saco; entre dos o tres le quitaron las botas, le desgarraron el chiripá y el poncho, y después de pegarle, entre risas, una paliza jefe con la guitarra y el facón, lo dejaron, molido, asustado, atontado. Quedó así un rato largo, hasta que apeándose, alzó del suelo su sombrero hecho trizas, los pedazos de la guitarra y su facón todo enclenque, con la empuñadura medio despegada, la hoja torcida y mellada; de las botas no pudo encontrar más que una, el rebenque se le había perdido, y para colmo de vergüenza, le habían tusado la cola al flete, ¡estando él encima!

Casi lloró, ese día, el hombre del facón. Trató de volver a envainar el arma, pero estaba tan torcida la hoja, que no pudo, y cuando llegó a su rancho, llevándola en la mano como cirio de funeral, al ver la facha con que volvía, no pudieron contener la risa los mismos hijos de él.

—Pero, ¿qué policía sería ésa? —repetía sin cesar, en un lamento.

Los geniecitos, después de reírse mucho con Manuelito de lo que acababan de hacer, regalaron al muchacho un cuchillito pequeño, lindísimo para señalar corderos, y lo dejaron cuidar su majada, después de asegurarle que con esa arma no debía tenerle miedo a nadie y menos al hombre del facón, que, al fin y al cabo, no era más que un cobarde y un tonto, engreído por haber peleado siempre con gente floja o débil.

A pesar de la risueña lección así recibida, no pasaron muchos días sin que el gaucho malo fomentase otro bochinche en la pulpería. Había elegido por su víctima a un puestero de una estancia vecina, buen hombre, padre de familia, incapaz de buscar camorra a nadie. Lo había primero fastidiado con indirectas groseras, después lo había insultado de veras, y viendo que no lo podía hacer salir de quicio, ya lo estaba amenazando, acariciando el puño del facón, pronto a desenvainar.

Manuelito estaba ahí; había venido a buscar los vicios para la familia, y lo estaban despachando. Cuando oyó los gritos del hombre del facón, lo miró con la mera curiosidad de saber lo que iba a suceder, pero sin inquietud, por haberle asegurado los geniecitos de que ya no debía, con su cuchillo, temer a nadie.

Al ver que el gaucho iba a sacar el arma para herir al puestero, también pensó —inspirado sin duda por una vocecita conocida que le susurró algo al oído— que muy bien lo podría atajar, y colocándose resuelto, con el cuchillito en la mano, frente al hombre del facón, le gritó:

—Deje usted de molestar aquí a la gente, ¡hombre fastidioso!, ¡compadrón!

Todos los presentes se quedaron admirados del valor, más bien dicho, de la imprudencia del niño, y algunos lo quisieron detener, temerosos de que, en su enojo, el matrero lo matase. Pero más admirado que todos quedó el hombre del facón; no fue cólera lo que más sintió, ni desdén tampoco, sino más bien, al contrario, una especie de respeto para el pequeño adversario que le mandaba la suerte. Asimismo, no le permitía su fama de guapo dejarse insultar impunemente.

—Quítate de ahí, mocoso —gritó—, para que no te castigue.

Y se adelantó hacia él con el rebenque levantado.

—¿Lo encontraste? —le preguntó el muchacho, con aire socarrón—, ¿o compraste otro? ¿Y la daga?, ¿quién te la enderezó?

El gaucho se paró, atónito; pues creía que solo él, en el pago, podía saber lo que le había pasado con la famosa partida de policía, días antes. Borracho como estaba aquel día, no se había fijado en Manuelito, y quedó confuso al oír sus palabras irónicas. Pero pronto, de la confusión pasó al enojo, y ciego de ira, sacó el facón de la cintura y se quiso abalanzar sobre el muchacho. Los presentes, demasiado cobardes para interponerse, creyeron, a pesar del valor que demostraba el chiquilín, que iba a ser éste el combate del tigre con el cordero.

El hombre del facón primero le quiso pegar un planazo en la cabeza, pero con solo levantar la mano armada del cuchillito, Manuelito rechazó la daga con tanta fuerza, que tuvo que recular un paso su agresor, y cuando éste volvió con el arma de punta para atravesarle el pecho, el cuchillito del muchacho se alargó solo de tal manera, que la punta entró en el brazo del matrero. Sintió el pinchazo, y se hubiera vuelto furioso si su prudencia instintiva y salvadora no le hubiera hecho adivinar en Manuelito un adversario temible: no se daba bien cuenta de cómo, con un arma tan corta, lo había podido alcanzar, pero justamente por esto, no se atrevía a acercársele mucho. Se hizo entonces el que lo tomaba todo a risa, y retirándose algo, para envainar el facón:

—Corajudo había sido el gallito —dijo.

—Como gallina había sido el gallo viejo —contestó el muchacho. Sin querer haberlo oído, agregó el otro:

—Cosa de creer que es hijo mío.

—Cuando las gamas paran leones —replicó Manuelito.

Y quedó calladito el hombre del facón, mascando su vergüenza, hasta que como si quisiera tomar el fresco, se deslizó hasta el patio, despacito, y sin ruido, montó en su caballo y se mandó mudar.

Todos, ya que lo vieron irse, rodearon a Manuelito y le preguntaron qué le había querido decir al hablarle del rebenque perdido y de la daga torcida; y el muchacho les contó lo de la partida de policía, sin divulgar, por supuesto, quiénes habían sido los policianos. El cuento pronto corrió, y casi sufrió un eclipse total el prestigio del hombre del facón.

Al saber que había sido apaleado por los milicos y que un muchacho se había atrevido a desafiarlo, ya nadie le tuvo miedo y cualquiera se creyó capaz de ponerlo a raya. En esto se apuraban quizá mucho, pues sucedió que una comisión de policía, habiéndolo querido prender, el hombre del facón mató a un soldado y puso a los demás en precipitada fuga, recuperando él, por lo tanto, parte de su fama.

Para recuperarla toda, pensó en deshacerse de una vez de Manuelito, el único que, cuando empezaba a pasarse y a ponerse chocante con la gente, lo supiera llamar a sosiego. Y siempre, en esos casos, encontraba por delante al muchacho, avisado de antemano por los geniecitos de la pradera.

Varias veces trató de herir al muchacho con el facón, pero recibió otros tantos tajos, y, ¡cosa rara!, los tajos iban haciéndose cada vez mayores, cada vez más visibles y más peligrosos. Ya llevaba en la cara dos o tres de los buenos, que lo habían puesto bastante feo, y seguramente, si porfiase, iba todo esto a acabar mal, como se lo había dejado entender Manuelito.

—¿Cómo diablos hará esa criatura para cortarme con su cuchillito cuando le tengo en el mismo pecho la punta de mi facón? —se preguntaba el matrero, y de rabia, quiso probar otra vez la suerte. Lo provocó al muchacho y se le cuadró en el mismo medio de una cancha de bochas, en piso firme y parejo; no había querido, ese día, tomar más que dos o tres copas de ginebra como para solo puntearse un poco y avivar sus fuerzas y sus vivezas de gaucho peleador.

Manuelito no se hizo de rogar y se le puso de frente, con el cuchillo en la mano. El hombre del facón, de chiripá de paño y de blusa negra, se había arrollado el poncho en el brazo izquierdo; había levantado bien el ala del chambergo, y con la daga en la mano, culebreando el cuerpo y centelleándole los ojos, buscaba ya el sitio propicio para pegarle al muchacho la puñalada mortal que debía por fin quitar de su camino ese ridículo estorbo.

Manuelito, sereno, risueño, con la boina echada un poco atrás, bien plantado en sus alpargatas, de chiripá de algodón y de camiseta, sin poncho en el brazo, lo miraba al gaucho, esperando el envite. Fue tremenda la embestida; vino como relámpago, viboreando la hoja del facón y reluciendo, pero el chiquilín la evitó con un quite rápido; se echó a un lado, y acercándose al gaucho mientras se enderezaba, le alargó en el mismo segundo un puntazo que a través de los dobleces del poncho, hecho una espumadera, le pinchó fuerte el brazo, y un revés que le tajeó la mejilla izquierda.

No se quiso todavía dar por vencido el hombre del facón; volvió sobre el muchacho con la daga en ristre, y después de unas cuantas fintas, extendió el brazo en inflexible rigidez, echándose adelante para agregar a la fuerza del golpe todo el peso de su cuerpo. Manuelito no reculó, contentándose con presentar al agresor la punta de su arma, y la hoja del cuchillito, estirándose como pescuezo de mirasol, vino a herir al matrero en el mismo medio del pecho.

El tajo no era mortal, pero sí sugestivo, pues un centímetro más y no hubiera contado el cuento el que lo recibió. El hombre del facón cayó desmayado, perdiendo mucha sangre; lo llevaron adentro y quedó en asistencia más de un mes, durante el cual pensó mucho en Manuelito y en el cuchillito tan raro con el cual casi lo había muerto. Se levantó bien curado de la herida y casi también de su maña vieja de querer matar a todos.

Cualquier cuchillito ahora le infundía respeto, pues siempre creía que iba a verlo alargarse, sobre todo que, por una casualidad singular, cada vez que le daba por pasarse con la gente y por amenazar a alguno, siempre le sucedía algún contraste que lo obligaba a dejar en la vaina el facón. O se le volaba el sombrero, en el mejor momento, o se le iba del palenque el caballo ensillado, o se le desprendía el tirador o el chiripá, de modo que quedaba imposibilitado por un rato para pelear, y mientras tanto se le pasaba el arrebato.

Manuelito ya no necesitaba salir a su encuentro; su recuerdo bastaba para conservarlo manso al gaucho.

Una vez, y fue la última, éste sacó la daga para acometer a un hombre indefenso. Manuelito, justamente, llegaba a la pulpería. En un abrir y cerrar de ojos estuvo encima del agresor; cuando éste lo vio armado del cuchillito, retrocedió tan ligero que fue a dar con el cerco, donde la punta de un alambre cortado le rajó el chiripá y le lastimó las carnes. Al sentirse herido, se dejó caer al suelo, y llorando como un niño, imploró el perdón de Manuelito. Este se contentó con quitarle el facón, y quebrándoselo en dos pedazos, dijo:

—Toma, que todavía te alcanza para cuchillo.

Desde entonces, se volvió humilde y manso el hombre del facón, tan manso, tan humilde, que cuando las madres dicen a sus hijos, para asustarlos: «¡Ya viene el hombre del facón!», se ríen los muchachos, y en vez de disparar, se golpean la boca.

La olla de Gabino

Había una vez en el campo un gaucho que se llamaba Gabino. Vivía con su mujer, Quintina, y sus dos hijos pequeños, en un rancho de mala muerte, cuidando su muy pequeña majada, algunas vacas y una manadita de yeguas. Eran pobres, pues el producto de sus pocos animales apenas les daba para los vicios, y a pesar de que economizaran la carne lo más que podían, la majada, lejos de aumentar, más bien se iba mermando, pues el escaso aumento tenía que pasar todo, y a veces algo más, por el asador o por la olla.

Pero no por esto se lamentaba Gabino; no soñaba con hacer fortuna, y mientras no llegara a faltar la carne, estaba lo más dispuesto a encontrar llevadera la vida, a pesar de todas las pequeñas miserias que consigo suele traer a los pobres y, según dicen, también a los ricos.

Quintina, su mujer, era más difícil de contentar, y siempre se quejaba de algo: del Sol o del viento, cuando estaba lavando; del humo, cuando estaba cocinando; de que el capón era chico; de que la carne era flaca o demasiado gorda, o muy dura si era oveja vieja. Eternamente, retaba al marido o a los chicos; Gabino dejaba que retase; comprendía que, para ella, rezongar era consuelo para todos los males y que no pudiendo, como él, gozar de las exquisitas emociones de la taba, del truco y de las carreras, y otras diversiones de la pulpería, era muy natural que buscase su alivio por otro lado.

Sucedió que después de una sequía prolongada que había atrasado bastante las ovejas, vinieron lluvias interminables que las acabaron de embromar. La majada se puso a la miseria de sarna, porque con el agua y el barro del corral no se la podía curar, ni de manguera, por la mucha humedad. Y era todo un trabajo encontrar un animal siquiera medio bueno para comer. Hubo que hacer durar más días que nunca el capón que se carneaba, pues, de otro modo, pronto no hubiera habido carne en la casa. Gabino, muchas veces, tenía que apretar el tirador después de comer, y cuando medio muerto de hambre, se deslizaba hasta el alero para tratar de cortar, de la carne ahí colgada, con qué hacer un churrasco, sin que lo viera la patrona, casi podía tener por seguro que la vigilante Quintina no lo iba a dejar aprovechar en paz el robo.

—¡Eso es!, comilón y haragán —le decía—; cómete la carne, nomás, ¡hombre!, que después, nosotros, las criaturas y yo, quedaremos mirando el gancho y con esto cenaremos. Si pronto vamos a quedar sin ovejas, con semejante apetito. Te lo pasas comiendo todo el día, como si fueras Anchorena. ¿Por qué no te comes un capón en cada comida, para acabar de una vez con la majada?

Don Gabino se callaba, envainaba la cuchilla, prendía un cigarro y se iba, medio triste por el hueco que sentía entre pecho y espalda.

Ya no se comía asado en la casa; Quintina había escondido el asador, diciendo que con carne flaca es mejor hacer puchero. Y Gabino se tenía que conformar, comprendiendo que era cierto y que, con todo, su mujer tenía razón. El asado es un lujo, un derroche que no permitían ya las circunstancias.

Una noche que, como de costumbre, la olla estaba en el fuego, Gabino, dejando el mate en la mesa, exclamó:

—Tengo un hambre que parecen dos.

—Voy a servir ya —contestó la mujer—, y con el trinchante, empezó a sacar de la olla las presas de carne cocida que nadaban, escasas y pequeñas, en el caldo. Puso la fuente en la mesa, colocó en un banquito a las dos criaturas, y les dio, a cada una, para que comieran con las manos, una presita y un pedazo de galleta, e iba a servir al impaciente Gabino, cuando se oyó, en el palenque, un débil «Ave María», que hizo que aquél se levantara y asomara la cabeza a la puerta del rancho.

En el palenque, esperando la venia para apearse, estaba un gaucho viejo, viejísimo, forastero seguramente, pues no se acordaba Gabino de haberle visto nunca por estos pagos. Su caballo, extenuado, al parecer, por los años y la flacura; su apero miserable, los harapos con que venía vestido, no dejaron a Gabino y a Quintina la mínima duda sobre su posición social y financiera.

—Bájese, amigo, bájese —gritó, en seguida, Gabino. Y dando algunos pasos a su encuentro, lo invitó a entrar y a comer, si tenía ganas.

—¡Hombre! —contestó el viejo—, sin cumplimiento, aceptaré, pues tengo un hambre que parecen tres.

Quintina, al oír semejante declaración, lo miró con terror. Sumó, en su mente, las dos hambres de Gabino con las tres del forastero y, agregándole la propia, calculó que no alcanzarían, por cierto, las tres presas flacas que quedaban en la fuente para tantas necesidades.

El resultado inmediato fue un rezongo vehemente, pero interior y callado, para evitar tormenta, pues si Gabino era lo más sufrido para lo que a él personalmente tocaba, no podía soportar que maltratasen al huésped, cualquiera que fuera.

Hizo sentar al viejo en su propio sitio, le dio su plato de latón y su cubierto, y apenas le hubo dicho: —¿Qué hace, señor?, sírvase —que el forastero sacó de la cintura una cuchilla tremenda y, de la fuente, la presa más grande, empezando a comer con un formidable ruido de carrillos. Sus dientes, blancos, largos y sólidos, a pesar de la edad, mordían, desgarraban y molían que daba gusto; los dedos y el cuchillo ayudaban sin descanso y, en un abrir y cerrar los ojos, el hueso de espinazo que se había servido quedó limpito de carne. Lo sacudió fuerte, pegando con la muñeca derecha en el dorso de la otra mano, e hizo caer en el plato el tuétano; lo alzó con la punta de la cuchilla y se lo tragó, diciendo:

—Amigo, no hay que desperdiciar las cosas buenas, cuando son pocas.

Y sin dejar tiempo a doña Quintina de salir de su asombro, agarró otra presa.

—Con permiso —dijo. Pero bien se veía que con o sin permiso, lo mismo hubiera sido.

Quintina dio un codazo a su marido y lo miró, asustada, con tamaños ojos, y, sacudiendo la cabeza en dirección al viejo, pareció preguntarle tácitamente qué medidas pensaba tomar. Gabino la miró, riéndose, Y le dijo en voz baja:

—Comeremos el hígado.

Se acordaba de que en el alero del rancho colgaba todavía de la costanera el hígado del capón, cuyos últimos restos estaba devorando el viejo; el hígado, es cierto, había sido algo decentado por los gatos y se empezaba a llenar de cresa, pero era tarde para carnear y para pensar en preparar otra cena. Al fin y al cabo, quedaba el caldo también, con arroz y zapallo, y con hacer sopa con una o dos galletas, no se iban a morir de hambre.

La mujer fue hasta el alero a buscar el hígado para hacer, con él, algún fritango ligero, pero se encontró con que una gata que tenía familia había dispuesto ya de él para los cachorros. Y doña Quintina volvió a la cocina con la única esperanza de poder siquiera apaciguar el hambre del matrimonio con caldo y galleta.

¡Desastre! Cuando llegó, el forastero voraz engullía, con la última migaja de la penúltima galleta que existiera en la casa, la última cucharada de caldo, el último átomo de zapallo y el último grano de arroz. Y el viejo, con la vista relampagueante, la cara toda colorada y relumbrosa, los labios y el bigote grasientos, la luenga barba blanca salpicada de las muestras de todo lo que se había tragado, hizo sonar la garganta con satisfacción, y pegando un puñetazo en la mesa, exclamó, riéndose:

—¡Gracias, patrona! ¡Ahora! sí, ¡caramba!, amigo, soy otro hombre. Con un buen jarro de agua... o de vino, mejor, si es que tiene, para asentar ese pequeño refrigerio, y ya le quedaré muy agradecido.

—¡Buen provecho! —murmuró doña Quintina, con el mismo tono con que hubiera dicho: ¡Revienta, animal!

En el fondo de la bolsa encontró ella una galleta, por suerte, y partiéndola, dio una mitad a Gabino y se comió la otra, diciendo despacio:

—Toma, pavo. Llénate con esto y cuidado con atorarte. Si quedas con hambre, bien tienes la culpa, por dejar que cualquiera de afuera te venga a aprovechar de semejante modo.

Don Gabino se reía. Mascaba, indiferente, la galleta que le había dado su mujer, y agarrando de un estante pegado a la pared una botella, la vació en un vaso que alcanzó a llenar y que tendió al forastero, diciéndole:

—Tome, amigo; todavía alcanza para un trago ese poco carlón que queda. Tómelo para completar la fiesta, y dispense la pobreza. La familia es poca; por esto, la olla es tan chica; otra vez que venga, llegue más temprano y haremos lo posible para tratarlo mejor.

—Déjese de cumplimientos, amigo —contestó el viejo—. He cenado muy bien. Con poco me contento.

—Si será sinvergüenza ese viejo cachafaz —dijo entre dientes Quintina.

Don Gabino se sonreía; le había hecho gracia la voracidad ingenua del viejo. No habría comido desde varios días el pobre. Y, al fin, ¡gran cosa!, pasarlo sin cenar, una noche, por casualidad. ¡Cuántas veces le había sucedido ya antes!

Y viendo que el viejo, después de tomar unos mates y de fumar un cigarro, bostezaba como para desengancharse las mandíbulas, le ofreció tenderle cama en la cocina, lo cual aceptó el huésped, con la misma sencillez con que había comido toda la cena. Gabino fue a desensillarle el caballo, atando a éste con maneador largo para que pudiera comer, y se cambiaron las buenas noches.

Esa noche, antes de dormir, doña Quintina hizo sentir a su marido todo el peso de su legítima indignación. Ser hospitalario y generoso, tener lástima a la vejez y a la pobreza le parecía muy bueno, pero con la condición de que la hospitalidad no le viniera a quitar a uno mismo ninguna comodidad; que no llegase la generosidad a disponer de lo necesario a la misma familia, sino apenas de lo superfluo; y también encontraba que la vejez y la pobreza poca alegría traen consigo, y que siempre basta de plagas, con las que uno tiene en casa.

Gabino, siempre indulgente, dejó correr el chorro, y cuando Quintina, como punto final, le quiso llamar la atención sobre el terrible ruido de trueno con que roncaba el viejo, que se oía desde la cocina y que les iba, decía ella, a quitar hasta el sueño, comprobó con cierta impaciencia que su marido también empezaba a roncar y no tuvo más remedio que agregar su nota de flauta al concierto.

El viejo era madrugador; con el alba se despertó, y oyéndolo Gabino que andaba por la cocina, revolviéndolo todo, se levantó y se fue a juntar con él.

—Buenos días —le dijo el viejo, medio burlón—. ¿Cómo ha pasado la noche? ¿No sufrió de empacho?

—No, señor —contestó don Gabino; y para retrucar el envite, agregó—: ¿Tiene apetito esta mañana?

—¡Qué pregunta! Pues no; casi me muero de hambre, pero antes de churrasquear, tomaremos unos mates. Andaba buscando la yerbera, sin poderla encontrar.

Gabino prendió el fuego, llenó la pava, arregló el mate, buscó la yerbera y encargándole al viejo que cebara, se fue al corral a carnear un capón, el mejorcito que pudiera encontrar.

Cuando volvió, trayendo una paleta y algunas achuras para hacer un churrasco, el viejo, que seguía tomando mate, le dijo:

—Pues, amigo, usted se fue y me dejó sin pitar.

—Es cierto —contestó Gabino—, dispense.

Y sacando la tabaquera y el papel, se lo dio todo al forastero, quien, después de prender un cigarro, siguió haciendo más y más cigarrillos, hasta acabar con todo el tabaco, y se los guardó todos en el bolsillo de la pechera. Gabino lo miraba con cierta admiración bondadosa, lo que viendo el viejo le tendió un cigarro, diciéndole:

—Fume, amigo; no haga cumplimientos.

Doña Quintina se levantó un poco más tarde, y se quiso volver loca al ver al maldito viejo aquel, bien instalado en el fogón, comiendo, devorando, más bien dicho, toda la carne traída por Gabino, después de haber acabado con la yerba y con el tabaco, lo mismo que con la galleta y el vino, el día anterior.

Después de limpiarse las manos con el trapo, el forastero dejó entender que no le haría mal un trago de ginebra, pero no había en la casa, pues don Gabino no era aficionado a la bebida, y, sin insistir, se levantó el otro y declaró que ya se iba a marchar.

Quintina no pudo reprimir un suspiro de satisfacción al oírlo, y hasta se asegura que dijo, como entre sí, pero no bastante para que el huésped no se volviera hacia ella, mirándola con cierto aire socarrón a la vez y severo:

—¡Anda al diablo, lombriz!

El viejo ensilló su caballo, ayudado por don Gabino, y en el momento de despedirse de éste, lo abrazó y le dijo:

—No me olvidaré de lo que usted ha hecho por mí. Cuente usted con un amigo que lo ha de ayudar en todo lo que pueda, y cuando algo le falte, acuérdese, nomás, de don Francisco.

Y se fue, al tranquito.

Gabino volvió del palenque, sonriéndose, como de graciosa parada, del ofrecimiento del viejo.

—Acuérdese de don Francisco, me dijo, cuando algo le falte —le contó a la mujer—, y que nunca se olvidará de lo que hicimos por él.

—Vaya con el viejo comilón y sinvergüenza —exclamó doña Quintina—; pues yo tampoco me he de olvidar de él.

Y como miraban ambos para el campo, vieron con admiración que donde hubiera debido estar el viejito, solo se divisaba como una nube luminosa que pronto desapareció sin que de «don Francisco» quedara ni la sombra.

—¡Don Francisco! ¿Don Francisco de qué será? —se preguntaba don Gabino, todo pensativo—. ¿Quién sabe si no será algún enviado de Mandinga? Aunque no parece, pues era risueño el viejito, y no parecía malo.

—Por mi parte —dijo Quintina—, pocas ganas tendré yo, cuando no tengamos nada que comer, de llamarlo para que nos venga a ayudar, con su apetito, a morirnos de hambre.

Y entrando en la cocina, empezó a preparar lo necesario para el almuerzo, aunque no fuera hora todavía, pues estaban ambos, como fácilmente se comprende, con un hambre feroz.

Lavó la olla, le echó agua, la puso en el fuego y fue al alero a sacar carne. Cortó un cuarto del capón y, en pedazos, lo metió en la olla.

Mientras tanto, andaba Gabino buscando el tabaco para armar un cigarro, pero no quedaba más que el papel de estraza en que había sido envuelto. Se acordó que don Francisco se lo había llevado todo y se contentó con decir, sonriéndose:

—¡Qué don Francisco éste!

Y al momento, vio con asombro que el papel de estraza, que tenía en la mano, se había llenado, ¡cosa extraña!, del mismo tabaco que acostumbraba fumar. Se le pusieron redondos los ojos, y, llamando a su mujer, le enseñó el atado. La mujer se quedó admirada, por supuesto, pero sin dar, por tan poco, su brazo a torcer, dijo:

—Bueno, pero te falta papel.

—Cierto —contestó el hombre—. ¿Qué hago?

—Pídeselo a don Francisco —le contestó, medio turbada—, para ver.

Y, sin vacilar, don Gabino llamó:

—Don Francisco, mande papel, pues, hombre.

Y mirando el atado que siempre tenía en la mano, vio, encima, un cuaderno de papel de fumar que parecía salir de la pulpería.

Quedaron, esta vez, atónitos ambos y no se atrevían a decir una palabra, temerosos de que tamaña brujería les resultase fatal. En silencio y sin querer acordarse de que también se les había acabado la yerba, se sentaron a comer.

Cuando ya estaba Quintina sirviendo el puchero, entró una de las criaturas y pidió una galleta.

—¡Caramba! —dijo el padre—; galleta no hay; comimos anoche la única que nos dejó don Francisco.

Y al pronunciar esas palabras, oyó en un rincón de la pieza el ruido peculiar que hace la galleta bien seca al desmoronarse en la bolsa. Corrió don Gabino a su vez y se encontró con galleta para varios días.

Esta vez no hubo duda ya que con don Francisco se podía realmente contar y se miraron los esposos con alegría sin reserva. Comieron con apetito y solo fue cuando estuvieron cansados de comer que notaron que en la olla todavía quedaba con qué convidar a varias personas. Lo más raro es que, a pesar de ser bastante flaco el capón, el caldo era gordo y nutritivo, como si hubiera sido hecho con carne de vaca a pesebre.

Desde ese día, por pequeña que fuera la olla y por flacas que estuvieran las ovejas, nunca les faltó, para comer, carne abundante y gorda, como si manantial hubiese sido la olla. Más, los dos niños crecieron, y su apetito, lo mismo; nacieron otros, y otros, hasta doce, entre varones y mujeres, y sin que se cambiase la olla, siempre alcanzaba para todos el puchero. Don Francisco no había venido nunca más a visitarlos y, asimismo, era como si habitara en la casa. Era el invisible protector de la familia, y Quintina era la que más devoción le tenía. Comprendía ella, aunque no lo confesara, que había sido más generoso con ella todavía que con Gabino; pues por su mala voluntad hacia él, bien hubiera podido castigarla, como suelen hacer esos emisarios misteriosos, de poder sobrenatural, con los que los reciben mal. Le había tenido lástima y la había perdonado, y por esto su recuerdo era más sagrado para ella.

La majada aumentó sin cesar, pues el consumo era ínfimo y se iba paulatinamente haciendo rico don Gabino, bendiciendo al Cielo por haberlo hecho nacer hospitalario.

Nunca en vano llamaba al palenque ningún transeúnte; se tenía fe en la olla y se sabía que de ella siempre saldría carne para todos, y en caso de apuro, con llamar a don Francisco quedaba todo salvado.

Y vivieron así Gabino y Quintina muchos años, rodeados de su numerosa prole, multiplicada con nietos, bisnietos y tataranietos, criados todos en el respeto de las viejas costumbres hospitalarias de los antepasados, a las cuales debían su fortuna.

Pero al cabo de muchos años, las generaciones que se sucedían creyeron que la olla no podía perder su maravillosa facultad, no acordándose ya a qué ni a quién la debían. Solo sabían que había que invocar a «don Francisco» para conseguir que no se agotase su contenido. El puchero, por lo demás, poco le gustaba ya a esa gente que se había hecho delicada con la riqueza, y se reservaba la olla para los peones y los huéspedes pobres. Y como éstos abundaban, por supuesto, también llegó, con los años, el día en que el dueño de la olla, hombre de regular fortuna, se rehusó a recibir, ni en la cocina, a los pobres, diciendo, en su orgullo egoísta que ya lo tenían fastidiado todos esos haraganes harapientos.

Una noche, un gaucho viejísimo tremoló, en el palenque, su débil «Ave María». Forastero debía de ser, pues el dueño de la casa no se acordaba haberlo visto nunca por esos pagos. Venía en un caballo flaco y mal aperado, y su chiripá roto, su poncho hecho trizas, sus alpargatas agujereadas cantaban, en coro lastimero, la miseria del pobre viejo. Pidió licencia para hacer noche.

El patrón vaciló, pues, aunque su resolución fuera de no dar hospitalidad ya a ningún pobre y que la pusiese en práctica desde tiempo atrás, de repente le pareció feo rechazar, así nomás, a ese desgraciado. Lo pensó un rato, hasta que habiendo logrado vencer ese amago de benevolencia, se dio vuelta las espaldas y, haciendo sonar los dedos, gritó a un peón:

—Dile que aquí no es fonda. ¡Que se vaya a la pulpería!

Y entrando en la cocina, se acercó al fogón para sacar una brasa y prender el cigarro. No se sabe cómo fue; mientras estaba ahí, oyó un ruidito, como de algo que se raja, y por una rendija abierta en la olla, todo el caldo se derramó y apagó el fuego, llenándose de humo la cocina.

—¡Mi olla! —gritó, desesperado, y en su mente atropellaron todos los recuerdos, las leyendas, los cuentos que sus abuelos y sus padres le habían hecho, cuando chico, de la preciosa olla y don Francisco.

Había gozado él de la olla mágica; había evocado a menudo, con los labios, al generoso protector de su familia, pero sin darse cuenta de que era preciso seguir mereciendo por su generosidad los favores concedidos a la generosidad de sus antepasados.

Comprendió en el acto el alcance de su falta y del castigo. Adivinó quién era el gaucho viejo y pobre a quien había negado una presa de puchero; corrió, como loco, hasta el palenque, llamando a gritos con toda su fuerza:

—¡Don Francisco! ¡Don Francisco!

Pero solo llegó para ver desaparecer paulatinamente una nube luminosa en el mismo sitio donde, en aquel momento, hubiera debido estar el viejito, trotando.

Volvió, llorando, para las casas. Trató de componer la olla con alambre, pero todos sus esfuerzos fueron inútiles: hay cosas, en la vida, que no se componen.

Desde aquel día volvió a entrar la necesidad en la casa. La majada fue siempre mermando; padre e hijos se dieron al vicio y a la desidia; todo se volvió desastre. A los huéspedes se les admitía, pero nunca alcanzaba la carne, y se les convidaba con caña, y surgían peleas, a veces sangrientas. Hasta que se derrumbó todo: bienes, hogar, familia, quedando tirada en un montón de basura la olla que había sido de don Gabino.

Siempre conforme

Muy orgulloso era don Patricio, y tan orgullosa como él su hija Hermenegilda, sin más mérito para ello que haber el primero heredado algunas leguas de campo y mucha hacienda.

Vivían solos en la estancia, viudo el padre y todavía soltera la hija, habiéndose alejado los demás hermanos por no poder sufrir su soberbia.

Un día llegó a la estancia un gaucho viejo, bastante haraposo, jinete en un malacara flaco, pobremente aperado. Desde el palenque llamó, y como se asomara la señorita Hermenegilda, la saludó con respeto; iba a pedir licencia para descansar hasta que bajase el Sol, cuando ella, cortándole la palabra descortésmente, le preguntó con voz desdeñosa qué se le ofrecía.

El hombre se hizo más humilde aún y formuló su deseo; y la joven le contestó que la estancia de su señor padre no era fonda para pobres y que se retirase, no más.

El viejo, entonces, con voz sonora y ademán amenazador, le dijo:

—Pues ya que es así, hija, algún día tendrá tu señor padre de yerno a un gaucho tan pobre como yo.

Hermenegilda, justamente, después de haber desechado a un sinnúmero de novios muy aceptables, acababa de quedar algo seducida por los atractivos físicos y morales de un joven abogado, hijo de un estanciero de la vecindad, y parecía que su ambición estuviese, por una vez, de acuerdo con lo que le dejaba de corazón su orgullo. Por eso las palabras del gaucho viejo, proferidas con tan expresivo enojo, le hicieron profunda impresión. ¿Sería brujo el hombre, o algún emisario de ese Mandinga de quien todos hacían gala de burlarse en las conversaciones, y a quien, en el fondo, tanto temían todos? Miró hacia el campo; se iba el viejito, al tranco del mancarrón, pero ya algo retirado. Hermenegilda, atemorizada, llamó a un peón y le ordenó que fuese de un galope en busca del viejito y lo trajese. El peón en seguida salió, pero cuando alcanzó al jinete que le habían enseñado, dándoselo por viejito haraposo montado en un malacara flaco, se encontró con un gaucho de unos treinta años, muy elegantemente vestido y que galopaba en un magnífico pingo oscuro, cubierto de aperos de plata. Lo miró de rabo de ojo, y sin atreverse a decirle nada, volvió a las casas, donde dio cuenta a doña Hermenegilda del resultado de su misión.

Y mientras Hermenegilda quedaba agobiada por el sentimiento de lo que había hecho y el terror de lo que sin duda le iba a suceder, el gaucho viejo, después de burlarse con su cambio repentino de fisonomía, del mandadero de la joven, llegaba a su rancho.

Allí llamó a su hijo Sulpicio, muchacho de unos veintitantos años, y le dijo:

—Mira, Sulpicio; ya es tiempo de que vayas a buscarte la vida. De viático solo te puedo dar un consejo, pero si lo sigues, te será de gran provecho: Confórmate siempre con todo, y todo te saldrá bien.

El muchacho, obedeciendo al padre, ensilló y se fue llevando por todo haber la bendición paterna, el consejo y la firme voluntad de seguirlo al pie de la letra.

El caballo había enderezado de por sí hacia la estancia de don Patricio, y Sulpicio, muy conforme, lo dejó andar a su gusto, hasta que, poco tiempo después, estuvo en el palenque de la estancia.

Desde que se alejara de ella su padre, había ocurrido un fenómeno singular. Hermenegilda, después de quedar un rato largo sumida, al parecer, en profunda cavilación, se dirigió con paso firme a la cocina. Allí estaba fregando los platos y limpiando las cacerolas doña Eusebia, una negra vieja que había visto nacer a la muchacha y la quería mucho, a pesar de ser a menudo zarandeada de lo lindo por ella. Hermenegilda le tomó de las manos el trapo con que estaba secando los platos y le dijo con inacostumbrada suavidad:

—Anda, negra, descansa; voy a acabar ese trabajo. Desde hoy tomo a mi cargo la cocina.

—Pero, niña... —dijo la vieja.

—Anda, te digo, a tu cuarto, y descansa.

—Entonces, ¿me echa? ¿Por qué me echa, niña?

—No te echo, pero así se me antoja. Anda y déjate de rezongar, que así tiene que ser.

Se fue doña Eusebia, pensando en algún capricho de Hermenegilda, y se retiró a su cuarto.

Cuando, al rato, don Patricio llamó a la negra para que le diese mate, acudió Hermenegilda, con las manos húmedas, la ropa bastante manchada, la cara abotagada por el fuego y los ojos llorones por el humo. El padre le preguntó qué andaba haciendo, y ella le dijo que, siendo Eusebia muy vieja, había resuelto tomar a su cargo su trabajo.

—¿Estás loca? —le preguntó el padre.

—No, tata —dijo—, y así tiene que ser.

Insistió don Patricio con todo el ímpetu del orgullo lastimado, diciéndole que si se sentía enferma o cansada Eusebia, se le tomaría ayudanta, que su hija no había nacido para cocinera, que era una verdadera locura; pero nada valió y solo contestaba Hermenegilda:

—Tiene que ser así, tata.

Hasta que, cansado de luchar, don Patricio la dejó seguir lo que, rabiando y desdeñoso, llamaba su vocación.

Tomó mate de sus manos, mientras ella esperaba parada en la puerta, humildemente, ni más ni menos que lo hubiera hecho Eusebia, y cuando llamó al palenque Sulpicio, fue ella a recibirlo, haciéndole entrar y sentar en la cocina, con muy buen modo, mientras iba a avisar a don Patricio. Sulpicio, que había oído ponderar lo descortés que eran todos en la estancia, no pudo menos de reconocer que siquiera la cocinera era muy amable y... bastante buena moza.

La verdad era que, en pocas horas, la pobre Hermenegilda había perdido la mayor parte de su natural hermosura. Los ojos se le habían hinchado y enrojecido, la tez se le había ennegrecido, arrugado y endurecido, tenía la cara llena de manchitas, la boca se le había torcido, y con el poco aseo que podía conservar entre el humo, la grasa, la leña de oveja, los platos sucios y la carne cruda, estaba volviéndose ya una verdadera cocinera de campo. Quizá por eso mismo le había gustado al humilde gaucho que era Sulpicio, quien no se hubiera seguramente atrevido a fijar la vista en una señorita.

También es de advertir que aunque hubiese estado horrible, Sulpicio la habría hallado muy a su gusto, dispuesto como estaba a conformarse con todo, según el consejo paterno, y a encontrar aceptable la más repulsiva fealdad lo mismo que la más fulgurante hermosura.

Pronto le vino la muchacha a avisar que el patrón lo esperaba. Salió al patio caminando pesadamente con sus gruesas botas, tapado con el poncho casi hasta los pies, el sombrero sobre las orejas y el rebenque colgando de la muñeca... ¡Linda conquista la de la niña Hermenegilda!

Don Patricio necesitaba gente; pero, hecho un tigre, con la locura de su hija, recibió a Sulpicio de tal modo, que cualquier otro, en vez de conchabarse, se hubiera mandado mudar en el acto. Sulpicio ni lo pensó, pues con todo estaba resuelto a conformarse. Y se conformó, no más, con los modos de repelente altanería de su nuevo patrón.

—Necesito peones —le dijo éste— que sepan trabajar lo mismo de a caballo que de a pie.

—Bien, señor —contestó humildemente Sulpicio.

—¿Eres jinete?

—Sí, señor.

—¿Sabes domar?

—Sí, señor.

—¿Sabes enlazar?

—Sí, señor.

—¿Te animas a pastorear de noche?

—Sí, señor.

—¿Entiendes de cuidar ovejas?

—Sí, señor.

—¿Y de a pie, sabes trabajar?

—Pialar, sí, señor.

—No; digo con pala, con guadaña, con carretilla y otras cosas por el estilo.

—No muy bien, señor, pero trataré...

—Bueno, entonces —dijo don Patricio—, puedes empezar ya. Tráete esa manada que se ve allá, para mudar caballo. Ensillarás un zebruno viejo que verás y te vas al jagüel, en el fondo del potrero; tiras agua hasta llenar las bebederas y la represa; a la vuelta atas del pértigo de este carrito el zebruno y con la guadaña y la horquilla te vas al alfalfar a cortar pasto hasta llenar bien el carro y lo repartes a los carneros de pesebre. Después, con la carretilla vas a la parva y cortas pasto seco para los caballos que quedan de noche atados. Una vez llenos los pesebres, te desgranas una fanega de maíz con la máquina que está en el galpón y después te vas a buscar las cuatro lecheras para atar los terneros.

Volverás después al campo a sacar el cuero de una yegua vieja que murió esta mañana contra el alambrado de la laguna; estaquearás el cuero y llevarás la carne a los chanchos. Al anochecer, al entrar la majada, habrá que carnear un capón, pues se nos acabó la carne. Y cuidadito de tener caballos atados para mañana, a la madrugada, para salir a recoger, que nos han pedido rodeo.

—Bien, patrón —dijo Sulpicio.

Y como ya se dirigía al palenque, le gritó don Patricio:

—Y movéte, que me olvidé unas cuantas cosas que hay que hacer hoy, antes que sea de noche.

Cualquier peón, el más guapo, hubiera rezongado, por lo menos, pero se acordaba Sulpicio del consejo paterno y todo le parecía muy bien, y todo lo hizo tal cual se lo habían mandado. Trajo la manada, agarró el zebruno, fue con él al jagüel a tirar agua; guadañó por la primera vez en su vida y solo con un trabajo bárbaro pudo alcanzar a llenar de pasto el carrito de pértigo. Repartió el pasto a los carneros, cortó pasto seco en la parva y con la carretilla lo trajo; desgranó el maíz, fue a buscar las lecheras y ató los terneros. Se dio maña para poder cuerear la yegua, estaquear el cuero, llevar la carne a los cerdos, entrar la majada y carnear un capón. Y antes de anochecer, agarró caballos para el día siguiente.

Estaba el pobre Sulpicio rendido de cansancio, pero muy conforme, y a pesar de que le parecía que la única cosa que se le hubiera pasado por alto a don Patricio fuera decirle a qué horas comería, ni chistó siquiera.

Después de acabar todo lo que le habían mandado, se deslizó en la cocina, y sentándose en un rincón, sin atreverse a pedir nada, esperó que la cocinera le ofreciese algo de comer. Había muchos otros peones que antes que él habían vuelto del campo o de la quinta, gente de toda laya, gauchos y extranjeros, y todos estaban acabando de cenar. Extrañaban, por supuesto, verse servidos por la niña Hermenegilda, la propia hija del patrón, pero creyendo que fuese por indisposición de la negra Eusebia, se contentaban con meter menos bulla que de costumbre, sin hacer los comentarios que, conociendo la verdad, hubiesen seguramente cuchicheado.

Esta misma noche vino de visita a la estancia el joven abogado, candidato a la mano de Hermenegilda, y antes que el padre hubiese tenido tiempo de ir a recibirlo, se adelantó a abrirle la tranquera la misma muchacha. Había mucha Luna, y la conoció en el acto, quedando asombrado de verla vestida como verdadera cocinera, toda sucia, negra y de facciones tan toscas. Le habló, sin embargo, y la saludó con cortesía, pero ella apenas le contestó y más bien como una sirvienta intimidada que como solía hacer la orgullosa señorita Hermenegilda. Como no fuese a la sala con él, no pudo menos que preguntar al padre qué novedad había, y éste le confesó la verdad: que su hija parecía haberse vuelto loca, que se lo pasaba en la cocina trabajando como negra, y que ni a las buenas ni a las malas la había podido sacar de allí. El joven manifestó que tomaba su parte en semejante desgracia, expresando el deseo de que pronto pasase, y se fue, para no volver más.

Mientras tanto, seguía en la cocina esperando con toda paciencia Sulpicio que le sirviesen de comer, pero parecían haberse olvidado todos por completo de él, y se quedó con el hambre, muy conforme, sin embargo, sabiendo que conformándose con todo, según se lo había prometido su padre, todo le saldría bien.

El día siguiente, desde la madrugada hasta la noche, no paró de penar ni de ser mandado por el patrón. De todo hizo, de lo que sabía hacer y de lo que nunca había hecho; pero, como pudo, se dio maña, sin rezongar ni quejarse, y conformándose con todo, comió poco y trabajó como un burro. Y siguieron los días, las semanas y los meses, sin mayor modificación durante todo un año.

Sulpicio había trabajado de quintero y de domador, de lechero y de ovejero, de alambrador y de tropero, de carrero y de zanjeador; había amansado novillos y arado la tierra, había cuidado majadas y rondado yeguas, y hecho muchas otras cosas, tocándole siempre a él la pala más pesada y el potro más bagual, la vaca más mañera y el caballo más lerdo, el novillo más bruto y las yeguas más ariscas, lo mismo que los días de más Sol y las noches más oscuras..., y en la cocina, el plato más chato, la cuchara más chica y la presa más flaca. Pero se conformaba con todo, risueño siempre, o, por lo menos, calladito.

Todos los festejantes de Hermenegilda, naturalmente, se habían escurrido, y después del joven doctor, habían desaparecido, uno tras otro, el hijo de un vecino de regular situación, y otro estanciero, solterón viejo, y un hacendado bastante rico, pero viudo y con una punta de hijos, y dos o tres mayordomos, quienes, atraídos, a pesar de todo, por el olor a los pesos, habían renunciado por el olor a humo y a grasa de la muchacha y también por su fealdad siempre creciente.

Un pobre capataz hubiera quizá cuajado, pero era un ambicioso que no quería ni un chiquito a Hermenegilda, y como declarase al padre que no se casaría con ella sino con la condición de manejar a su antojo la estancia, don Patricio lo echó.

A Sulpicio, que siempre había creído que solo para titearlo le habían asegurado que era hija del patrón, no le hubiera disgustado la cocinera, a pesar de lo harapos, sucia y fea que, sin que el padre lo pudiera impedir, se iba poniendo cada día más; pero, ¿a qué se va a casar un pobre peón que ni siquiera tiene setenta centavos para comprar un par de alpargatas?, pues Sulpicio, con trabajar como lo hacía, nunca había recibido de su patrón lo que se llama un peso. Tampoco había pedido nada, siempre conforme con lo que le daban y con lo que no le daban, siguiendo con confianza el consejo de su padre, a quien siempre había conocido por un gaucho lindo y vivo.

Un día tuvo don Patricio que mandar a cien leguas de distancia una fuerte cantidad de dinero para pagar una hacienda que había comprado, como no había para ese punto vías de comunicación y no podía ir él mismo, se le ocurrió mandar de chasque a Sulpicio como el hombre de más confianza que tuviera en la estancia. Sulpicio, conforme, como siempre, salió con la tropilla por delante, y cuatro días después estaba de vuelta con el recibo, habiendo pasado hambre y sed, pero muy conforme por haber sabido evitar con toda prudencia las dos cosas peores que le hubiesen podido suceder: ser atacado por bandidos o atajado por la policía.

Esta vez, don Patricio quedó quizá todavía más conforme que él, y como tuviese que traer de otra parte una hacienda muy arisca y de difícil arreo, mandó otra vez a Sulpicio a que se recibiera de ella. Fue nuestro amigo, conforme, como siempre y llegó después de haber sufrido temporales y fríos, y pasado noches y noches sin dormir, pero tan conforme a la vuelta como a la ida, pues ni un animal se le había perdido.

Don Patricio había, durante este año de sufrimientos, perdido poco a poco el maldito orgullo que hasta entonces lo había dominado; conocía, además, la necesidad de asegurar en alguna forma, antes de quedar por la vejez inhabilitado para el trabajo, la situación de su malhadada hija Hermenegilda, confiando a algún hombre bueno el manejo del establecimiento, y viendo que no era ya posible casarla sino con un peón, llamó a Sulpicio y le dijo:

—Me has servido como hasta hoy nadie lo hizo; has sabido conformarte con mi mal genio, con privaciones de todo género, cumpliendo esas múltiples y penosas obligaciones sin la menor queja, y por todo esto, estoy dispuesto a tomarte de mayordomo, pero con una condición: que estés conforme en casarte con la cocinera.

Por la primera vez quizá tuvo Sulpicio una vacilación en contestar que estaba conforme, pues la pobre Hermenegilda había «progresado» de un modo espantoso en repugnante fealdad. Por suerte, a tiempo se acordó del consejo paterno y para que todo le saliera bien, se apresuró a exclamar:

—Estoy conforme, patrón.

Hermenegilda estaba presente, pero no decía nada, habiéndose vuelto más humilde que la más humilde china del último toldo, y mientras Sulpicio, como era de su deber, tomaba en la suya su mano sucia y grasienta, sonó en el palenque una alegre llamada. Corrieron todos y Sulpicio antes que ninguno, pues había conocido la voz de su padre. También había conocido Hermenegilda al gaucho viejo que tanto la había castigado por su orgulloso rechazo, y viendo cuán cierta había salido la amenaza de este hombre, se echó a llorar asustada. Pero se le acercó el gaucho viejo, y tomándola de la mano:

—Señorita —le dijo—, no quiero que mi hijo tenga por esposa a una cocinera, sino a la hija del estanciero don Patricio.

Y apenas acabó de hablar, cuando Hermenegilda apareció a los ojos admirados de su padre y de su novio, ya conforme, por supuesto, como en su vida lo estuviera, resplandeciente de hermosura y vestida como una reina de cuento de hadas.

El rebenque de Agapito

No cabe duda que cuando un gaucho tiene la suerte de poseer a la vez —aunque sea, como era Agapito, casi un niño— las botas de potro que de él hacían el primer domador de la República Argentina, donde cada paisano es un jinete; la incansable tropilla de oscuros con que había vuelto de la misteriosa estancia de Mandinga, y el rebenque de cabo de hierro que éste le había regalado y que, según su promesa, le debía proporcionar consideración y provecho, puede mirar el porvenir sin mayor recelo.

No conseguirá quizá, con todo esto, una gran fortuna, pero seguramente logrará con facilidad el pan de cada día y hasta el relativo bienestar al cual puede aspirar cualquier hombre de buena conducta, en el rudo ambiente de la pampa; así discurría Agapito cuando llegó al rancho paterno.

Allí lo asediaron todos a preguntas, y tuvo que contar su viaje, su permanencia en la estancia de Mandinga, la doma que había tenido que hacer, todos sus detalles, y enseñar los regalos del temible amo.

Por cierto, el padre, que era conocedor, y aunque ya la hubiese visto antes, admiró mucho la tropilla de oscuros, como azabache todos, tan tapaditos, tan elegantes y tan fuertes, y la yegua madrina cuyo pelo de nieve tan lindamente realzaba el conjunto; pero le pareció, a pesar del boleto de marca que había encontrado Agapito en su tirador, algo mezquino el pago por tanto trabajo. Aunque le dijera Agapito que el verdadero pago que había recibido era el rebenque, difícilmente podía creer el viejo que esta prenda que, por dos pesos, se podía comprar en cualquier pulpería, pudiese realmente compensar los riesgos que había corrido el muchacho.

—Hijo —decía—, yo no sé nada, sino que todo trabajo se debe pagar con plata. Nosotros, los pobres, necesitamos para los vicios los pesitos que podemos ganar, y esto de cobrar nuestro sudor en mancarrones y chucherías de talabartería me parece un verdadero engaño.

Y rezongaba contra los ricos que a veces se aprovechan de los trabajadores tontos... y de los muchachos que no saben.

Agapito le dejaba decir, conservando la esperanza de que no le saldría tan mal el trato.

Pasaron unos cuantos días durante los cuales Agapito no tuvo ocasión de lucir sus habilidades ni de hacer uso de sus prendas, y se arraigaba cada vez más en la mente del padre su primera opinión, cuando una tarde llegó al puesto el capataz de una gran estancia vecina en busca de peones por día para ayudar a apartar de un rodeo de cuatro mil cabezas, quinientas vacas compradas «a rebenque» por su patrón. Se conchabaron el padre y el hijo, el primero a pesar de ser algo viejo, porque todos sabían que asimismo era gran enlazador y muy de a caballo, y el hijo, porque, a pesar de ser muchacho, todos sabían de qué era capaz.

Hicieron yunta ambos para el trabajo, y apenas habían entrado en el rodeo, cuando les indicó el comprador una vaca para apartar. El padre se acercó al animal para hacerlo enderezar al viento y sacarlo así del rodeo; pero la vaca parecía algo remolona y ya la empezaba a retar feo el viejo, cuando lo alcanzó Agapito. Y apenas hubo éste levantado el rebenque diciendo: «¡fuera, vaca!», ésta, al trotecito, salió del rodeo y se fue derechito para el señuelo.

Podía ser casualidad: hay animales mañeros y otros que no lo son, y quedó callado el padre de Agapito. Otra vaca les designó el patrón, y también ésta fue enderezando para el señuelo con solo levantar Agapito su rebenque. El viejo guiñó el ojo; ni siquiera habían tenido ellos que moverse del rodeo; y como en este momento trabajaba fuerte a su lado una pareja para sacar una vaca sin poderlo conseguir, ni a gritos, ni a golpes, Agapito se les juntó, y haciendo de «gallos» alzó el rebenque y salió disparando la vaca tan ligero para el señuelo, que los dos gauchos que la estaban para sacar se quedaron mirándose, con algo más que sorpresa.

Cuando, diez o veinte veces seguidas, hubo hecho Agapito la misma prueba, se dio cuenta el padre de que la prenda regalada por Mandinga a su hijo valía algo más de lo que él pensaba, y, el día siguiente, en vez de conchabarse por día, trató por un tanto por cada vaca que sacasen del rodeo. El patrón, que los había visto trabajar, no opuso dificultad, pues bien comprendía que si les hacía cuenta a ellos, a él también le convenían peones de esa laya; y desde entonces, cada vez que tenía que hacer algún aparte, los mandaba llamar.

La fama de Agapito para apartar animales no tardó en extenderse y pronto igualó su fama de domador; todos lo buscaban para hacer tropas y ganaba mucho dinero.

Una vez que un resero lo había conchabado para apartar capones, también quedó admirado. Apenas en el chiquero, Agapito no hacía más que tocar con el rebenque el animal indicado por el comprador, y el capón se precipitaba hacia el portillo para entrar en el trascorral.

En media hora hacía más el muchacho que diez hombres en un día; con él ya no regía para aparte de ovejas a elección la palabra: «a sacar de la pata»; sin más trabajo que rozarlas con el rebenque, ya se iban a juntar con las compañeras.

Tanta plata con esto le llovía a Agapito, que pronto pudo comprar un pequeño campo y poblarlo de animales.

Pero como no le alcanzaba todavía para alambrado y el campo era muy bueno y poco recargado todavía, los vecinos abusaban y dejaban sus haciendas internarse en él. Varias veces, el padre de Agapito, que cuidaba la hacienda mientras su hijo trabajaba en las estancias con gran provecho, se quejó y amenazó, pero no le hacían caso, hasta que un día Agapito, al volver de su trabajo, pegó, montado en uno de sus oscuros, y con el rebenque alzado, una corrida tan linda a una manada ajena, que no habiendo podido el vecino atajarla, la tuvo que campear ocho días para recuperarla; y fue tan buena la lección, que ya ni él ni los demás se descuidaron con sus animales.

Agapito no desdeñaba, con su tropilla de oscuros, llevar chasques a cualquier parte, con tal que fuese lejos y que valiese la pena la changa.

Y era preciso entonces verlo galopar por lomas y cañadas, siempre en línea recta, saltando los alambrados con todos sus caballos y cortando campo hasta por los pantanos más fieros, sin detenerse jamás, sino cuando había llegado; y sin que nunca, cualquiera que fuese el número de leguas, ni él, ni sus caballos, se hubieran cansado jamás.

Parar un rodeo de cinco mil cabezas, entre puros fachinales, sin un grito, sin perros, era para él un juego, pues le bastaba tener alto el rebenque para que de todas partes se levantasen apurados los animales, y viniesen mansitos, en chorreras interminables, por las senditas, hasta el rodeo.

Quiso saber una vez Agapito cómo le iría en un arreo, y se conchabó de peón con un capataz conocido que iba para los corrales con una tropa de novillos. El capataz pensaba invertir ocho días para llegar, pero el rebenque de Agapito arreaba de tal modo los animales, que en dos días estuvieron en la capital.

No había tranquera ni arroyo que los atajasen, y por poco hubieran pasado por la tablada sin pagar más impuesto que una exhalación, si no se hubieran detenido de intento para cumplir con el fisco.

Lo más lindo fue que llegaron, así, justito para aprovechar un día de poca entrada de hacienda y de precios altísimos, y que, si llegan como había pensado el capataz, hubiera tenido que sacrificarse la hacienda a precios tirados. Y como los novillos, a pesar de haber venido tan ligero, no habían sufrido absolutamente nada, se disputaban los estancieros y reseros a quién conseguiría a Agapito de capataz para llevar tropas, cada vez que se presentaba la ocasión de aprovechar algún alza en los corrales de abasto. Natural era que el muchacho hiciese pagar su trabajo de conformidad con lo que valía, y seguía adelantando.

Pronto tuvo al servicio de los estancieros que la quisieron pagar otra provechosa habilidad, debida únicamente al misterioso poder de su rebenque: fue la de aquerenciar los animales recién traídos a un campo, con solo pegarles un pequeño chirlo con él; animal así tocado, ya ni en la primavera porfiaba para irse, y quedaba como en alambrado, sin necesidad de rondas, de pastoreo, ni de corral.

Tuvo también ocasión Agapito al comprar para sí hacienda al corte, de comprobar de qué poderosa ayuda le podía ser su rebenque, pues entonces sucedía, aunque hubiera cortado en el montón, que al ver el rebenque, se juntaban en la punta que como suya había designado, todos los mejores animales de la majada o del rodeo: puras ovejas nuevas y capones gordos o vaquillonas por parir y novillos de venta.

Pero difícil es tener, en este mundo, algo que valga, sin que se empeñen algunos envidiosos en quitárselo, y más de una vez tuvo Agapito que vigilar de cerca sus haciendas para que no le carneasen los mejores animales o no se los robasen. En su ausencia, el padre cuidaba, pero era viejo, y los cuatreros se aprovechaban; hasta que una noche pilló Agapito cuatro gauchos muy entretenidos en arrearle sigilosamente para destinos desconocidos unas doscientas ovejas. Sin hacerse sentir, atajó la tropa en la oscuridad, y levantando el rebenque, pegó un grito. Las ovejas se arremolinaron, enderezando en seguida a todo disparar para el corral, como llevadas por un ventarrón, y se encontraron los cuatro matreros, hechos unos bobos, frente a frente con el muchacho.

Agapito los esperó, a pie firme, y a cada uno de los cuatro, antes que pudieran desnudar los cuchillos, pegó un solo rebencazo, lo que bastó para voltearlos en el suelo, donde quedaron como muertos hasta el día siguiente, en que vino la policía a recogerlos y a llevarlos presos.

¡Oh!, no le había mentido Mandinga a Agapito cuando le prometió que el rebenque que le regalaba le daría consideración y provecho, y largo sería el relato de todas las ocasiones en que le pudo poner a prueba, castigando a los malos, defendiendo a los débiles, separando a los peleados, evitando a muchos la desgracia de matar... o de ser muertos en las reuniones de gauchos, donde beben y juegan y sacan a relucir, por vanidad o de puro gusto, los cuchillos y los facones.

A muchos de ellos les causó asombro ver a semejante muchacho poner a raya con el solo rebenque a hombres temibles, conocidos por tales y capaces de matar a cualquiera. Tanto que uno de ellos, sospechando que el rebenque ése debía tener alguna propiedad secreta, trató de robárselo. ¡Pobre de él! El rebenque, solito, sin que nadie lo manejara, al parecer, empezó a pegarle una soba como para dejar avergonzado a cualquier comisario celoso de sus deberes empeñado en hacer confesar su crimen a algún infeliz inocente; y cuando descansaba la lonja, empezaba el mango, cayendo, alternados, chirlos y golpes, como granizo después del aguacero.

Aseguran, y debe de ser cierto, que nunca más por las dudas intentó el hombre robar rebenques de ninguna clase.

Más que el respeto, la admiración del gauchaje supo conquistar Agapito con su rebenque.

Aficionado a las carreras, había querido probar en la cancha alguno de los oscuros, pero nadie se había atrevido a hacerle carrera. Pensó entonces en probar corriendo con cualquier mancarrón el rebenque de cabo de hierro; y hasta con los caballos más inútiles ganaba, robando cualquier carrera que le aceptasen, aunque fuera de tiro largo. Es que cuando con la lonja castigaba un caballo, parecía infundirle fuerza juvenil y sangre nueva, y todos, sin comprender cómo podía ser, quedaban boquiabiertos... y pagaban.

Años después de haber recibido de Mandinga la maravillosa prenda, Agapito se había vuelto padre de numerosa familia, y sus hijos habían salido tan buenos muchachos y tan bien criados, que no faltaban malas lenguas para asegurar que sin el rebenque nunca hubiera logrado tan buenos resultados; pero muy bien saben todos los que lo han conocido que era pura mentira, y que nunca había tenido, para educar bien a sus hijos, que apelar a semejante ayuda.

Las hazañas del travieso

Cuando Salustiano quedó huérfano, no necesitó escribano para hacer el inventario de los bienes que le legaba su padre: se componían de una cueva cavada en campo ajeno en la costa de un arroyo, tapada con cuatro chapas y media de hierro de canaleta, viejas y abolladas, y con un cuero de potro todo reseco, roto y arrugado; del palenque, un simple estacón de ñandubay; de un mate con bombilla, una pava, un asador y una olla; de tres mancarrones, cuatro yeguas y un perro.

El perro, producto híbrido de veinte razas distintas, tenía dos años; era feo, pequeño, de pelo barcino, y contestaba, cuando le venía en gana, al nombre de Travieso.

Salustiano, desamparado, lo llamó a su lado, lo acarició y le contó sus penas, y Travieso entendió perfectamente que su amo ya no tenía qué comer, ni plata para comprar siquiera una cebadura de yerba; que pronto lo iban a echar de la pobre choza donde se guarecía, y que no le iba a quedar más recurso que conchabarse por mes en alguna parte, lo que era bien triste.

Travieso tenía sobre el particular la misma opinión de Salustiano. Acostumbrado a recorrer con él el campo a su antojo, a dormir la siesta en el pajonal, a buscar huevos, a cazar bichos silvestres... y domésticos, cuando se ofrecía, no le podía caber en la cabeza la idea de renunciar a la libertad; más bien renunciar a la vida. Pero no era cosa de abandonarse. Si Salustiano era todavía muy muchacho para poderse desempeñar, él le ayudaría: no faltan changas buenas en este mundo para el que se sabe manejar, y al perro barcino no le llamaban Travieso sin motivo. Todo esto se lo hizo comprender a su amo, y también que lo primero que había que hacer era conseguir que no lo echasen del rancho; y le aseguró en su idioma que para ello tenía un medio excelente.

Dejándole a Salustiano pensar en lo que creía su desgracia, se fue a merodear por la casa del dueño del campo en el cual estaba situada la cueva, hasta que divisó a uno de sus hijitos jugando fuera del cerco. Se acercó despacio a la criatura, haciéndose el cachorrito, retorciendo el espinazo y meneando la cola; el chiquilín lo acarició y empezó a jugar con él; Travieso se iba corriendo, venía, se dejaba agarrar y manosear, volvía a correr, haciéndose el juguetón, y sin que la criatura lo sintiera, se iba alejando de su casa y aproximándose al rancho de Salustiano. Y así, poco a poco, el pícaro perro la llevó hasta muy cerca de la costa del arroyo; allí la dejó, y corriendo hacia su amo, siempre sentado y cavilando, lo llamó a tirones para que lo siguiese.

Salustiano saltó en su caballo, y en un momento estuvo con el perro cerca de la criatura, que ya empezaba a jugar con el agua y se había empapado toda la ropa. La alzó y en seguida la llevó para la estancia. Por el camino encontró al padre que, lleno de inquietud, la andaba buscando por todas partes. Cuando le contó Salustiano en qué posición peligrosa la había encontrado, gracias al aviso que tan oportunamente le diera Travieso, de buena gana los hubiese abrazado a los dos, y le dijo:

—Amiguito, son servicios éstos que no se olvidan y puede pedirme lo que quiera.

Salustiano aprovechó la ocasión para decirle cuán abandonado y pobre había quedado y le pidió por favor que lo dejase cuidando sus pocos animalitos en la costa del arroyo.

—¡Cómo no! —exclamó el estanciero—; quédese, no más, y cuando necesite carne, mande pedir con confianza.

Cuando al galope se hubo alejado el padre con su hijo sano y salvo, Travieso dio tres vueltas carnero seguiditas, y pegó tantos brincos y tan fuertes, que su amo lo creyó loco; pero vio que era alegría, no más, por su buena suerte, no pudiendo ni por un rato, sospechar la perrada cometida por el bribón.

No fue, para perjuicio de la moral, la última. Basta entrar con éxito en el mal camino, para perseverar en él; y, por un tiempo, perseveró Travieso con la excusa, es cierto, de que solo quería el bien de su pobre amo.

De los tres caballos dejados por el finado, uno era bastante ligero, y en las largas conversaciones que tenían entre sí Salustiano y Travieso, éste acabó por hacer entender al muchacho que debería prepararlo para correr carreras. La dificultad era que para componer parejero, Salustiano no tenía maíz ni pasto; pero Travieso le aseguró que esto no significaba nada y que debía arriesgarse. Tampoco tenía plata, pero tanto insistió el perro, que resolvió el muchacho arriesgar aunque fuera algún otro de sus caballos.

El día de la reunión, pudo así armar una carrera por treinta pesos, precio que le pusieron al mancarrón: bastante inquieto estaba Salustiano por el resultado, pero lo veía a Travieso tan contento que ya cobró confianza.

Corrieron, y Salustiano venía por detrás e iba a perder, cuando, como flecha, cruzó la cancha Travieso, pasándole casi entre las patas al caballo contrario; y éste se asustó, no mucho, pero bastante para dejarse pasar y perder los treinta pesos. Bien hubo reclamos y discusiones, pero los rayeros habían apostado al caballo de Salustiano y se la dieron ganada.

Travieso se presentó a su amo, humilde y con la cola escondida como quien por pícaro merece castigo; pero los treinta pesos que tenía en el bolsillo lo hicieron clemente a Salustiano y le perdonó al perro su travesura... provechosa. ¡Treinta pesos! Una fortuna para Salustiano. Quiso ya, por supuesto, empezar a voracear y se iba a entrar en la pulpería, cuando Travieso saltó al hocico de su caballo que estaba atado al palenque, y aquél, asustándose, cortó el cabestro y se mandó mudar. Los gritos, al momento, de «ise va un ensillado!» avisaron a Salustiano, y montando en su parejero, siguió al otro que solo pudo alcanzar en el palenque de su rancho.

Ya era tarde para volver a la pulpería, y Travieso empezó a convencer a su amo de que con su plata debía comprar ovejas. A Salustiano no le pareció mal pensado, y el día siguiente pudo comprar de un vecino, casi tan pobre como él, veinte ovejas al corte por sus treinta pesos.

Veinte ovejas son una majada bien pequeña; pero Travieso salía a la oración y volvía a la madrugada, trayendo por delante, quién sabe de dónde, puntitas de ovejas que iba juntando con las veinte fundadoras.

Salustiano era muchacho honrado y trataba de averiguar de quiénes eran esos animales; pero todos eran de señales desconocidas en el pago y a la fuerza se tenía que quedar con ellos, pues nadie venía a reclamarlos, y ningún vecino tenía derecho a quitárselos. Lo retó muy fuerte a Travieso, y el perro, con aire de arrepentido, los ojos llenos de remordimiento, achatado en el suelo, escuchaba compungido; pero siempre traía ovejas, y Salustiano nunca llegó a pegarle, porque le parecía digna de perdón una culpa, aun ajena, que tanta cuenta le hacía.

Solo dejó Travieso de traer ovejas cuando la majada de su amo hubo alcanzado a quinientas cabezas, y desde entonces pareció que, sin renunciar a ser vivo, empleara su ingenio en obras más lícitas, imitando en esto a muchos amos de perros que solo empiezan a criar conciencia cuando tienen los bolsillos llenos y la vida asegurada.

Hasta le dio a Salustiano una lección de moral... provechosa, como siempre, por supuesto. Este había encontrado en el campo un soberbio cuchillo con puño y vaina de plata, y por la marca que llevaba conoció que era de un vecino, hombre rico y generoso. Asimismo, la tentación era tan fuerte que se lo iba a guardar. Travieso, cuando se lo enseñó, en vez de menear la cola y de saltar y revolcarse, como hacía cada vez que a su amo le tocaba alguna suerte, se puso triste, y al ver que Salustiano se ponía el cuchillo en la cintura como cosa propia, empezó a aullar lamentablemente. Salustiano comprendió que algo mal hacía y se sacó del cinto el cuchillo, y viendo que entonces el perro, bailando, lo llevaba en dirección al caballo, montó, y siguió a Travieso, quien, en derechura, lo llevó a la estancia del dueño del cuchillo. Allí el muchacho preguntó por éste y le hizo entrega de la prenda.

El cuchillo era un recuerdo de familia; andaba desesperado el hombre por haberlo perdido, y después de abrazar con emoción a Salustiano, le regaló diez veces el valor del cuchillo, felicitándolo por su honradez y ofreciéndosele para lo que se le pudiera ocurrir, lo que más que todo valía, pues, para el pobre, la protección del poderoso es gran abrigo, por lo menos mientras que —sin querer— no lo aplasta.

Ya se iba Salustiano, cuando lo volvió a llamar el estanciero. Era para pedirle un servicio; pero con remuneración. Le explicó que todas las noches una bandada de perros cimarrones venía al corral de su majada y le mataba una cantidad de ovejas, y que si él, con algunos compañeros, podía cazar esos perros, le pagaría cinco pesos por cabeza.

Salustiano, de cumplido, contestó que trataría de ver, que hablaría con algunos, pero en verdad no sabía ni cómo hubiera podido cazar perros, de noche, ni con quién, y se fue, sin pensar siquiera en semejante chanza. Pero Travieso, al oír las explicaciones del estanciero, pensó que algo había que hacer, y dejando que se fuese solo su amo, revisó con cuidado los alrededores de la estancia. Encontró detrás del corral un gran pozo cuadrado; era un jagüel empezado cuando la última sequía y dejado sin concluir; no había llegado al agua, pero tenía asimismo unos cuatro metros de hondo.

Travieso, con la diplomacia del caso, empezó a hacer relación con los perros cimarrones, y hasta les ayudó en algunas de sus fechorías, con tanto tino que todos le fueron cobrando plena confianza.

Juntándolos entonces un día a todos, les dijo que si querían seguir sus indicaciones, iban, en una sola noche, a llevarse toda la majada a un sitio donde la tendrían a su disposición para cuando quisieran. Los cimarrones aceptaron y se dieron cita para la noche.

A medida que iban llegando, Travieso los llevaba al jagüel, haciéndoles saltar en el pozo y recomendándoles el silencio más completo. Cuando estuvieron todos, les dijo que todavía tenía algo que preparar y que se quedasen quietos hasta su vuelta. Corriendo, fue a despertar a Salustiano, le hizo levantar, ensillar y venir, y lo llevó a la estancia; allí despertaron al dueño de casa y fueron los tres al jagüel, donde empezaban algunos perros a aullar de impaciencia y de inquietud. El estanciero, cuando vio así presos ciento y tantos de sus enemigos, felicitó a Salustiano por su habilidad y le pagó en seguida el premio prometido.

Como Travieso andaba siempre por el campo, olfateando, divisando y pispando, nada se le escapaba, y poco a poco, de uno a uno fue juntando con las cuatro yeguas de su amo una cantidad de potrillos y potrancas orejanos que ya no seguían madre y que, por un motivo u otro, habían escapado a la hierra. No dejó de encontrar también algunos terneros y vaquillonas en las mismas condiciones, y si no los podía arrear solo, Salustiano, avisado por él, lo hacía sin gran trabajo.

En sus correrías encontró también una vez por una gran casualidad una estaca plantada, que apenas sobresalía del suelo; buscó a todos vientos si no había otras, hallando así tres o cuatro. No sabía lo que era, pero supuso, con razón, que de algo debían de servir y las enseñó a su amo. Y efectivamente, vino una vez un agrimensor que no pudiendo dar con unos mojones que andaba buscando, consultó a Salustiano, quien lo llevó a ellos derechito; y el agrimensor lo tomó de capataz haciéndole ganar una punta de pesos durante más de un mes que duró su trabajo.

Por el arroyo en cuya costa estaba la habitación de Salustiano, cruzaban a menudo arreos grandes de ovejas que llevaban para fuera, y, muchas veces, era un trabajo infernal el conseguir hacerlas pasar. Salustiano y Travieso miraban con toda tranquilidad los esfuerzos que hacía la gente, lidiando a veces horas enteras para hacer puntear sus ovejas entre el agua; hasta que a Travieso se le ocurrió un día, después que se habían cansado ya los peones de un arreo, cortar una puntita de las ovejas de Salustiano que estaban del otro lado del arroyo y traerla hasta la orilla, quedándose él bien escondido entre las pajas. Las ovejas así cortadas y detenidas por él en su sitio, balaban, y cuando las del arreo las vieron y las oyeron, se vinieron todas, como chorro, y pasó todo el arreo. El capataz no pudo menos de pagarle a Salustiano una buena propina, y desde este día, toda majada que pretendía cruzar el arroyo aprovechaba con gusto, aunque pagando, la baquía de Travieso y de su señuelo, perfectamente adiestrado ya, por lo demás.

Salustiano, gracias a las vivezas de su perrito Travieso, se encontraba en holgada situación; pero a medida que él se iba haciendo hombre, el pobre

Travieso se iba haciendo viejo. Tenía ya catorce años y bien sentía cercano su fin. No quería dejar a su amo solo, y su última hazaña fue de encontrarle una compañera buena que le hiciese la vida feliz. En un baile de familia a que habían convidado a Salustiano, le indicó Travieso la muchacha con quien se debía casar, haciéndole tantas caricias que todos se fijaron en ella, y más Salustiano, acostumbrado a comprender y a obedecer lo que sabía ser consejos de su fiel amigo. También los siguió en esta ocasión; y algún tiempo después, murió tranquilo el perro barcino, llorado de Salustiano y de su mujer cuya suerte había sido tan bien asegurada por él.

Vivir como un conde

Don Sebastián, como tantos otros, vivía en la pampa holgadamente y sin trabajar mucho, con su numerosa familia y sus pocos bienes. Ignorante de las mil necesidades con que complican su vida el hombre rico y el habitante de las ciudades, estaba muy conforme con lo que tenía, ni atinaba a pensar cómo podría uno estar mucho mejor, en este mundo. Con su buena majada, su rodeíto de vacas, una buena tropilla y la manada de yeguas, nunca faltaban en su casa carne gorda para comer, sebo para hacer velas, un cuero para huascas, ni leña para el fuego; y si no siempre alcanzaba la platita de la lana y de los cueros para saldar del todo la libreta en la pulpería, con vender algunos animales gordos, pronto se completaba el importe, sin contar que con algunos días de trabajo en las hierras o en los arreos, todavía podía la patrona pasarse el capricho de comprar al mercachifle algún trapo o algún cachivache, y el mismo don Sebastián, el gusto de arriesgar algunos pesitos al truco, su juego favorito. Y feliz entre sus animalitos que le daban poco que hacer y sus muchos hijos, sanos y fuertes, que le ayudaban en sus sencillas tareas, se deleitaba en contestar cuando le preguntaban cómo andaban las cosas.

—Yo, amigo, vivo como un conde.

Un día llegó a su casa, a pie, un extranjero, obrero despedido de una estancia vecina y que andaba buscando trabajo. Don Sebastián le hizo entrar, lo convidó con el hospitalario mate, lo agasajó lo mejor que pudo y conversó con él. El hombre parecía tener ideas extrañas y las expresaba con vehemencia, en castellano chapurrado, dejando correr sin cesar, del tosco envase de su jerga, el sutil veneno del odio y de la envidia. Y cuando don Sebastián le aseguró, como con todos acostumbraba, que él vivía «como un conde», el huésped se burló de él, haciéndole ver que, comparada con la de otros, su vida era miserable: que su casa era un pobre rancho, sin más muebles casi que un asador y una pava, que sus hijos andaban vestidos de harapos, que sus animales eran ordinarios y pocos, y que del campo que arrendaba lo podían echar cualquier día.

No le dijo que si trabajase un poco más podría fácilmente mejorar su vida y la de los suyos; pero le pintó con colores vivos la felicidad de estos ricachos, podridos en plata, decía, que viven en palacios, rodeados de mil comodidades, atendidos por una multitud de sirvientes que se adelantan a sus menores deseos; para quienes los millones son como para él los billetes de a diez; que poseen toros y carneros de tanto precio que vale uno solo por toda su hacienda.

—Esto sí —exclamó— es vivir «como un conde»; usted vive como un pobre, nada más.

Después de haberse ido el extranjero, don Sebastián ya no se hubiera atrevido a decir que vivía «como un conde».

Experimentó tal desprecio por los modestos bienes que hasta entonces habían sido su gloria y su dicha, que poco faltó para que se considerase como el último y el más desgraciado de los menesterosos.

Por primera vez le pareció injusto que algunos tuvieran tanto y otros tan poco, y pensó que solo los ricos, los que tenían millones, podían vivir «como condes».

Y no hubiera tenido consuelo si algún tiempo después no le llega por fortuna otra visita.

Era un gaucho elegante y ricamente vestido de paño negro, montado en brioso corcel enjaezado con puros aperos de plata y de oro. Se apeó, sin pedir licencia, y acercándose con aire de patrón a don Sebastián, le dijo:

—Conozco tus deseos; sé que quieres ser rico para vivir «como un conde», y como eres un buen gaucho, he resuelto hacerte el gusto. Aquí tienes —dijo, tendiéndole un tirador grande lleno hasta reventar de billetes de Banco— un millón de pesos. Disfrútalo a tu antojo: pero acuérdate de que mermará de cien mil pesos cada vez que tú mismo o algún miembro de tu familia reniegue por tener tanta plata.

—¡Pues, señor! —exclamó don Sebastián—, renegar por tener mucho; seríamos más que zonzos.

Y tomando el tirador, iba a dar al forastero las gracias por su generosidad, cuando vio que ya había desaparecido.

La señora de don Sebastián entraba justamente en ese momento y frunció las narices, preguntando:

—¿Por qué quemaste azufre?

—¿Yo? —dijo don Sebastián, ocultando la prenda en los dobleces del chiripá...—. ¡Ah!, sí, estaba curando un cordero de la lombriz.

No insistió la señora, y pasó para la cocina.

Don Sebastián, solo entonces, miró bien el tirador y vio que tenía diez bolsillos, y que cada bolsillo contenía cien mil pesos; y empezó a buscar en el cuarto un rincón a propósito para esconder este tesoro. Pero no encontraba sitio en ninguna parte; los pocos muebles estaban llenos, los cajones no tenían llave, cuando, por casualidad, tenían cerradura; colgarlo a la vista no se podía, por supuesto, y tanto se cansó de buscar, que, renegando, exclamó:

—¡Al diablo con la plata!

Y en el acto oyó un ruidito: ¡Zuit!, y vio que uno de los bolsillos estaba vacío.

¡Hizo una cara!... Por fin, se consoló con pensar que todavía le quedaban novecientos mil pesos, con lo que cualquier pobre puede vivir «como un conde», murmuró sonriéndose. Asimismo, algo inquieto, llamó a su mujer, le enseñó el tirador y se lo contó todo.

La señora, en el acto, encontró en un baúl donde tenía sus cosas y que solo ella abría, un excelente sitio para esconder el tirador, y se sentaron para conversar de lo que debían hacer con esa plata.

Pero revolvieron entre ambos muchas ideas, sin poder llegar a resolver nada; lo que a uno le gustaba, al otro le parecía mal.

—Comprar campo y hacienda —decía la mujer.

—Sí —contestaba don Sebastián—, y el trabajo sería para mí.

—Vayamos a vivir en la ciudad.

—¡Cómo no! Encerrarme en ese chiquero y comer carne cansada.

—Confiemos la plata a don José, el pulpero, y poco a poco la iremos gastando.

—Sí, para que se nos vaya con ella el día menos pensado.

Y de repente, don Sebastián, que no era muy paciente, exclamó:

—¡Para dolores de cabeza, no más, nos habrá regalado esa plata!

En el acto notaron un ruidito en el baúl: ¡Zuit! Y levantándose ambos, con inquietud, fueron a revisar el tirador. Otro bolsillito había quedado vacío. ¡Se miraron con una jeta...!

—Bueno, basta —dijo don Sebastián—. Ni pensar ya en la plata; de no, se nos va toda.

Y salió, por el campo, cavilando en muchas cosas: contento, naturalmente, por un lado, de tener semejante capital, ¡ochocientos mil pesos todavía!, pero desconsolado a la vez, por no saber qué hacer con él, y poseído del miedo de perderlo todo.

Ese temor de quedarse sin nada, tanto se iba apoderando de él, que cuando al volver a su casa oyó que su mujer le pedía mil pesos para ir al pueblito a comprar muchas cosas que hacían falta para la familia, le contestó con impaciencia:

—Sí, gastemos, no más, que ya pronto vamos a quedar sin nada.

Al oír semejante disparate, no pudo menos que decir la señora, con rabia:

—Pues si porque tienes plata te vas a volver avaro, mejor es no tenerla.

En seguida se sintió, dentro del baúl, el ruidito que ya conocían; y pudieron, aterrados, comprobar que no quedaban más en el tirador que setecientos mil pesos.

Cuando llegó la noche, don Sebastián, por supuesto, se negó a dormir en otra parte que cerca de su tesoro, pues a medida que éste disminuía, más precioso se volvía, y tendió su recado contra el mismo baúl. Durmió mal; más bien dicho, no durmió. Cualquier ruido le parecía sospechoso; las lauchas eran ladrones, y dos gatos enamorados le hicieron levantar con el facón en la mano. Iba por fin amodorrándose, a la madrugada, cuando dos cachorros que jugaban en el patio, vinieron, persiguiéndose, a caer juntos contra la puerta del rancho, con un ruido que le hizo creer que un escuadrón de caballería la volteaba a pechadas. Se incorporó, asustado; pero, conociendo su error, volvió a acostarse, y medio dormido, dijo:

—¡Qué noche perra me ha hecho pasar esa maldita plata!

¡Zuit! hicieron en el baúl cien mil pesos más al irse del tirador.

Don Sebastián se arrancó un mechón de cabellos, mandó traer su tropilla y con el tirador en la cintura se fue para la ciudad. Quería depositar en el Banco de la Nación los seiscientos mil pesos que todavía le quedaban para no pensar ya en ellos sino con toda calma y tranquilidad.

Pero el pobre no sabía nada de la ciudad; nunca había oído hablar de esas aves de rapiña que les toman el olor a los pesos de los campesinos desprevenidos, a través de los bolsillos, como los chimangos a la osamenta escondida entre las pajas; y antes de haber llegado a la fonda, ya había comprado, tirado —por mil pesos— el premio mayor de la última lotería, en un billete adulterado; le habían sacado del bolsillo del saco la cartera con otros mil y le habían vendido por doscientos pesos un magnífico reloj de cinco cincuenta, bien pagado.

Y cuando conoció su candidez, renegó de tal modo, no contra sí mismo, por supuesto, sino contra ese dinero que a nadie, al fin, había pedido y que, de seguir así, lo volvería loco, que no tardó en oír el ¡Zuit! acostumbrado.

—¡Adiós mi plata! —dijo—, ya no me quedan más que quinientos mil. A este paso, pronto me quedo como antes.

Pero en este momento se le acercó un señor muy decente que le ofreció sus servicios para el caso que tuviera algunos fondos disponibles que colocar en valores que le darían una buena renta, sin trabajo.

Don Sebastián, esta vez, se dio por salvado y le dijo que efectivamente tenía para colocar así en cosas que no le diesen trabajo y le permitiesen darse buena vida —no se atrevió a decir: de vivir «como un conde»— unos doscientos mil pesos.

El corredor —por tal se daba—, disimulando su inmenso júbilo, salió en seguida y no tardó en volver con otro que traía un gran atado de cédulas hipotecarias de la provincia de Buenos Aires, y explicándole a don Sebastián que cada una valía cien pesos y le daría, sin que se moviera, ocho pesos por año, le entregó, en cambio de sus doscientos mil pesos, dos mil papeles con figuritas.

Convencido don Sebastián de haber dado con el clavo —como efectivamente, sin que lo supiese, le había acontecido—, se fue a comer, pensando en comprar más de esas «cédulas boticarias», como ya las llamaba, tan cómodas para vivir sin hacer nada.

Tuvo de vecino, en la mesa de la fonda, a un buen vasco que también había venido del campo para sus negocios y entablaron conversación. Se le ocurrió a don Sebastián preguntar al compañero lo que haría si tuviese dinero que emplear.

—Hombre —le dijo el vasco—, comprar ovejas.

—¿Y si tuviese mucho dinero?

—Comprar más ovejas —dijo el vasco.

—¿Pero si tuviese más todavía?

—Entonces ya, comprar campo.

—Y de estas cosas, ¿no compraría? —le preguntó enseñándole las cédulas.

El vasco sabía lo que eran esos papeles y echó a reír. Pero don Sebastián, inquieto, insistió y quiso saber la verdad; el vasco se la explicó; le dijo que sus doscientos mil pesos podían valer treinta mil, y que no debía, antes de muchos años, contar con renta alguna.

Se sulfuró don Sebastián, y mandó a los mil demonios al corredor ese que le había engañado, y la plata, que más trabajo y más rabietas le había dado que provecho..., y ¡Zuit! hizo el tirador, vaciándose otro de los bolsillos.

—¡Mejor! —exclamó don Sebastián—, ¡andate al diablo! ¡Plata zonza!

Y obedeciéndole, cien mil pesos más se le fueron...

Don Sebastián, esta vez, se sosegó. Tanteó, ansioso, el tirador y se dio cuenta de que ya uno solo de los bolsillos contenía todavía algo. Eran los últimos cien mil pesos del millón que tan generosamente le regalara el forastero, pero algo mermados por los cuentos del tío que había sufrido.

Pensó que si con semejante cantidad todavía se podía hacer algo, ya era tiempo de seguir el consejo del vasco y de comprar campo y ovejas, que era, al fin y al cabo, lo único de que entendía. El vasco era honrado y conocía la ciudad; le facilitó la venta de sus cédulas y lo acompañó hasta su salida para el campo, evitándole otros tropiezos y trampas.

Don Sebastián regresó a su casa con un entrevero formidable de ideas nuevas en la cabeza.

El pobre nunca había tenido mucha ocasión de tomarse el trabajo de pensar y no dejó de encontrar algo difícil la cosa; pero tenía cierta viveza natural, como cualquier gaucho, y no tardó en vislumbrar unas cuantas verdades que, antes, le habrían parecido mentiras.

Sabía ya, por ejemplo, que es más trabajoso de lo que a primera vista parece, emplear de modo sensato mucho dinero; que una suerte por demás inesperada puede traer consigo en la vida más trastornos que gozos; y que, aunque sea menos penoso, lo mismo tiene el hombre que acostumbrarse a la buena fortuna como a la mala.

Al ver la prudencia y la vigilancia continua que requiere la sola conservación de los bienes, adquiridos, a veces, sin esfuerzo, dejó de tener envidia a los ricos; y volvió a apreciar en su justo valor lo que poseía, comprendiendo que con lo que uno tiene siempre puede ser feliz, si a ello limita sus deseos.

Cuando llegó a su casa, tenía ya calculado lo que iba a hacer con lo que le quedaba; empezó por dar a su señora los mil pesos que antes le había pedido, ofreciéndole más, si necesitaba, diciéndole que ya se había curado de la codicia y que debían hacer como antes: gastar en proporción de lo que tenían, sin derroche ni avaricia.

Después, con toda franqueza, le confesó las barbaridades que, en su ignorancia, había cometido; los dolores de cabeza que le había valido el regalo del forastero; sus reniegos injustos contra el dinero y el castigo de ellos.

Ahora se había vuelto juicioso: no tardó en encontrar, por una parte de lo que le habían dejado sus numerosas chapetonadas, un buen retazo de campo, y lo fue poblando con haciendas bien elegidas y compradas con cuidado.

Todo esto, por supuesto, no se hizo sin trabajo. Tuvo que andar mucho, galopar días enteros, arrear tropas, pasar días y noches a la intemperie, rondar, cuidar, vigilar, lidiar con peones y animales; y, montada la estancia, tuvo mucho trabajo para dirigirla, muchísimo más trabajo que lo que había tenido jamás, en otros tiempos, con su majada única, su rodeíto de tamberas y su manada, cuando vivía, indolente y feliz, sin necesidades y sin plata, «como un conde».

Quien sueña, vive

A Florentino, lo mismo que a muchos otros, le parecía que el hombre debería estar en la tierra únicamente para gozar de la vida, sin necesidad de pasar tantos malos ratos: sufrir golpes, andar enfermo, tiritar de frío o sofocarse de calor, pasar hambre o quedar a pie, estar sin un peso para las carreras, o sin colocación y con el poncho empeñado, y muchas otras cosas que hacen de la vida un infierno.

Bien tenía, sin embargo, que soportar, a la fuerza, todo esto y algo más, a veces, y como no poseía más que su tropilla y sus pilchas, renegaba de la suerte que le había hecho nacer de un pobre gaucho incapaz de juntar tantos pesos como tenía de hijos y que lo había largado a que se ganase solo la vida cuando apenas tenía doce años.

El muchacho no era de los peores: era diestro y bien mandado, y a los veinte años que tenía ya había trabajado mucho, en todos los ramos de su oficio: había arreado tropas de ganado y esquilado miles de ovejas; había ayudado en cien hierras; había domado potros y pastoreado rodeos; hasta había hecho trabajos de a pie, amontonando pasto y haciendo parvas en los alfalfares, y también había probado, por una temporada, el oficio de carrero.

Siempre se había ganado la vida, y no se hubiera podido quejar de la suerte si hubiese sabido contentarse con lo que caía y dejarse de desear lo que no podía conseguir. Pero, durante las largas horas del arreo lento, o del pastoreo paciente, dormitando al duro mecer del tranco, bajo el Sol ardiente, o recostado, de noche, en el pasto húmedo, con el cabestro en la mano, listo para repuntar, pensaba que bien feliz era el dueño de la hacienda que, sin tomarse trabajo, podía tranquilamente descansar en su cama, hasta que le llegasen los pesos.

¿Por qué no sería él mismo dueño de todos los potros que domaba, y de los terneros que herraba, y de las ovejas que esquilaba y de los potreros inmensos que recorría, al rayo del Sol? Y también le hubiera gustado ser el patrón de los carros, en vez de tener, por un mezquino sueldo, que andar allí metido, arriba, con las riendas en la mano, corriendo el riesgo de caerse, veinte veces al día.

No era precisamente envidioso; no deseaba quitar a algún otro sus bienes, para aprovecharlos él; tampoco aspiraba a ser más que los otros, pero hubiera querido poseer, porque poseer le parecía la única fuente de la felicidad.

Resolvió ir a consultar a un tío viejo suyo, hermano mayor de su madre, del cual ésta, muchas veces, le había dicho que era un poco brujo y hacía cosas extraordinarias, cuando quería.

Según los datos que le dio, vivía muy lejos, en los campos de afuera, en un toldo perdido entre las pajas, solita su alma y, al parecer, sin recursos, pero, aseguraba ella, rico por su arte.

Después de muchos días de viaje, a tientas por la pampa, indagando en todas partes, como quien campea una tropilla robada, y cuando ya desesperando de encontrarlo, Florentino se iba a volver para sus pagos, de repente dio con un ranchito que casi le pareció haber brotado del suelo, pues de ninguna parte lo había divisado todavía.

Sentado en una cabeza de vaca, estaba ahí, cebando mate, un gaucho viejo, de luenga barba blanca, vestido como cualquier paisano pobre, y rodeado de unos cuantos galgos. Al llamado de Florentino, contestó con benévola invitación a que se apeara, y convidó al joven a desensillar y a hacer noche en su humilde morada.

Entre dos mates, le preguntó Florentino si conocía a su tío; y el viejo le contestó que sí; y también si vivía lejos de allí.

—Cerquita —le dijo el viejo, sonriéndose, y empezó a hacerle, a su vez, preguntas tan precisas sobre los diversos miembros de su familia, que bien pronto, no pudo tener duda alguna el joven de haber dado, por misteriosa casualidad, con el mismo tío a quien buscaba; pero, viéndolo tan pobre, tan desprovisto de todo, también pensó que de poca ayuda le iba a ser.

Asimismo le confesó que si de tan lejos había venido en busca de él, era porque había oído contar muchas maravillas de su ciencia y de su poder que, cansado de llevar vida de pobre, había pensado que le podría indicar algún medio de vivir dichoso

—Y no te has de ir, muchacho, sin que te lo haya dado —le contestó el viejo.

Florentino, al oír esto, y aunque pensara que si realmente su tío tuviera el poder de crear las riquezas que a él le parecían indispensables para ser feliz, hubiera debido empezar por hacerse rico a sí mismo, se fue a dormir con el corazón lleno de esperanzas.

Pero cuando a la madrugada del día siguiente, el tío le propuso acompañarlo con la tropilla a una estancia vecina, donde iban a tusar yeguas y donde podrían, dijo, ayudando, ganar un buen sueldo, como peones por día, Florentino se quedó aturdido, y lo miró con tanta admiración que no pudo menos, el viejo, que echarse a reír.

—¿Y qué hay en esto? —le dijo—. ¿Te parece extraño que quiera ganar algunos pesos para los vicios? Te prometí hacerte vivir dichoso, pero no sin trabajar.

Florentino se sometió y ensilló, pero pensaba que ese tío viejo no debía de ser muy brujo, y sentía haber hecho tanto viaje para quedar en la misma. Trabajaron todo el día; comieron, con los demás peones, un buen asado; recibieron, cada uno, tres pesos y volvieron al rancho.

Antes de acostarse, el viejo sacó de su recado una matra de lana, de las que fabrican los santiagueños, y dándosela al muchacho, le dijo:

—Bueno, Florentino; trabajaste mucho hoy y debes de tener ganas de dormir: anda y tiende tu recado donde te parezca mejor, en la pieza o afuera, y para que sea más blanda la cama, agrégale esa matra.

Y dándole las buenas noches, se fue él también a dormir.

Florentino hizo como se lo había mandado su tío y puso la matra que éste le había regalado entre las demás prendas de su recado. Se durmió, y bien pronto, pues estaba cansado de veras por el trabajo fuerte que había hecho en ese día, enlazando primero de a caballo las yeguas, durante toda la mañana, y trabajando de pie, para cambiar, y dejar descansar sus caballos, durante toda la tarde.

Dormía profundamente cuando le pareció que lo llamaba su tío, y disparando, se levantó y fue.

Encontró al viejo en el patio: estaba desconocido; muy bien vestido, tomaba de manos de un capataz, que respetuosamente se lo ofrecía, el cabestro de un soberbio caballo ricamente enjaezado.

—Mira, Florentino —le dijo al joven—; toma del palenque ese zaino mala-cara que hice ensillar para ti, y vamos hasta el corral a ver cerdear tus ye-guas.

Florentino oyó ese «tus yeguas» sin chistar y montando en el zaino mala-cara se fue a juntar con su tío. Caminando, se dio cuenta de que él también iba muy bien vestido y montado en un caballo de valor y ricamente aperado. A medida que se aproximaban al corral, le parecía que la bulla alegre de los peones iba mermando, como siempre sucede, cuando viene llegando el amo. Las risas callaban, como asustadas, y seguía el trabajo sin gritos, casi, ni más ruido que el del tropel de la hacienda huyendo del lazo, o los chas-quidos de los rebenques, o los golpes sordos de las caídas en el suelo de yeguas pialadas; y oyó el joven que un peón lo saludaba, llamándole patrón.

El gozo de Florentino fue inmenso; sin tener necesidad de preguntar nada a su tío, se sintió poseído por la idea de que todas esas yeguas eran de él, que estos peones trabajaban para él, que la cerda que se iba amontonando en las bolsas era de su propiedad y que, para sacar plata de ella, no necesi-taba cansarse trabajando, ni arriesgar el pellejo en medio del corral.

Quiso expresarle a su tío su agradecimiento por haberle dado lo que más anhelaba, la riqueza sin trabajo, y se dio vuelta, buscándolo; pero no lo en-contró más; pensó que se había retirado para las casas, y siguió admirando sus yeguas y vigilando el trabajo, con el corazón lleno de alegría.

Después de pasar así muchas horas realmente dichosas, de repente vio que, por error o por travesura, había tusado dos potros hermosos que ya pensaba reservar para formar una linda yunta volantera; al mismo tiempo, un potrillo, el más lindo de la manada, recibió al caer, de un pial, golpe tan feroz que quedó muerto en el acto, con el espinazo quebrado. Y antes de que tuviera tiempo para enojarse, la tranca de la puerta del corral se rompió, al ser atropellada por un trozo de animales, y disparó para el campo toda la manada, interrumpiéndose el trabajo, en medio de los gritos de los gauchos que echaban a correr en persecución de las yeguas.

Florentino, ya disgustado con la tusada inoportuna de sus potros, y por la muerte del potrillo, se sulfuró del todo con la rotura de la tranca y la dispa-rada de la hacienda en pleno trabajo; y castigando su caballo para ayudar él también, y más que ninguno, a recoger las yeguas... despertó, y se encontró muy extendido en el recado, cerca de la puerta del rancho.

—Buenos días, muchacho —le dijo su tío, ya sentado cerca del fogón y tomando mate—. ¿Qué tal dormiste?

—Bien, nomás, tío; gracias. Pero ya era tiempo que despertase, pues se me disparaban las yeguas y ya me iban a dar más trabajo de lo que en realidad valen.

—¿Qué yeguas, hombre?

—Las de un sueño lindo que tuve; que me hizo feliz durante toda la noche, y que solo se acabó cuando ya se volvía pesadilla, de modo que lo he gozado sin tener por qué sentirlo.

El tío no contestó nada; pero después de tomar mate, le propuso a Florentino que fueran otra vez a ganarse unos pesos, ayudando a contramarcar una hacienda brava recién traída a otra estancia de la vecindad. Y viendo Florentino que no había más remedio, para comer, que trabajar, ensilló y se fue con el viejo.

Y lo mismo que el día anterior, trabajaron mucho, se cansaron bien, comieron con los otros peones, recibieron cada uno tres pesos y se volvieron al rancho. El viejo, al dar las buenas noches a Florentino, le volvió a recomendar que pusiese en la cama la matra que le había regalado, y le dijo en tono de broma:

—Y que hagas buenos sueños, pues la dicha es un sueño.

Apenas dormido, Florentino creyó sentir que lo llamaba su tío, y fue. Y lo mismo que en la noche anterior, encontró a éste bien vestido y montado en caballo lujosamente aperado, rodeado de peones que le obedecían, y supo por él, que un gran rodeo de vacas mestizas que allí cerca estaba parado, era de su propiedad, de él, Florentino.

Cuando quiso darle las gracias había desaparecido el viejo, y Florentino se quedó recorriendo el rodeo por todos lados, acompañado de un capataz muy atento que le enseñaba los toros finos, las vaquillonas ya muy mestizas, las vacas con sus terneros, la novillada, gorda y numerosa, algunas lecheras y bueyes de trabajo y, por fin, el señuelo, tan bien adiestrado que al solo grito de «fuera, buey», lanzado por el capataz, se juntaron en un grupo los veinte novillos de un solo pelo de que constaba, colocándose en la orilla del rodeo, a espera de órdenes.

Florentino se sentía el más feliz de los hombres. ¡Mire! Poseer semejante riqueza; sentirse dueño de tantos y tan lindos animales. Ya calculaba que la próxima parición iba a aumentar todavía el rodeo, y que podría vender tantos novillos y tener tanta plata que no sabría qué hacer con ella, pues quedaba de vida modesta y de gustos sencillos en medio de su riqueza.

No sabía de cuántas vacas era el rodeo, si de mil o de diez mil; pero sabía que eran muchas; muchísimas más de las que jamás hubiera soñado tener... sin la matra del tío viejo, de la cual no se acordaba, dormido como estaba encima de ella. Y solo despertó al aclarar, en el momento en que creía ver todas las vacas tambaleándose de flacas, en medio de una sequía espantosa, sin un novillo siquiera para el consumo, con la parición perdida y muy comprometida la siguiente, y muy empeñado en cuerear él mismo el mejor toro del rodeo.

—¿Qué tal, qué tal, muchacho?, ¿dormiste bien? —le preguntó el tío—. ¿Hiciste buenos sueños?

—Un sueño más lindo aún, tío, que el de anoche, pues era yo dueño de un gran rodeo de vacas; y también tuve la suerte de despertarme cuando el sueño se volvía feo.

—Mejor así, hijo, pues cuando la riqueza da más dolores de cabeza que goces, más vale una tranquila pobreza.

Y después de tomar mate, fueron a esquilar las ovejas de un estanciero vecino. Sacaron una punta de latas, y después de cenar, Florentino se apresuró a echarse para dormir sobre el rudo recado, algo ablandado con la matra del viejo.

Aquella noche fueron tan numerosas como las estrellas del cielo las ovejas que le pertenecían.

No las quiso contar él; hubiera sido mucho trabajo. Pero se deleitó viendo desfilar por los corrales y paciendo por los campos las inmensas majadas de su propiedad. Nacían los corderos y crecían que daba gusto; los veía blanquear, retozando por bandadas, en la orilla de las majadas. A la simple vista se conocía cuán tupida y cuán larga era la lana de los vellones en que iban envueltas las ovejas; y tanto abundaban los capones gordos, que el resero tendría seguramente bien poco trabajo para juntar buena tropa.

Se abandonaba Florentino al placer de contemplar su riqueza, y dejaba pasar las horas, complaciéndose en su dicha, cuando, en un momento, vio que las ovejas enflaquecían y se ponían sarnosas; y mermaban las majadas, muriéndose de la lombriz todos los corderos ya hechos borregos, y hasta los mismos animales grandes. No duró ese triste espectáculo más que el corto instante en que se despertó sobresaltado; pero había sido bastante para que no sintiera haber vuelto ya a la realidad de la pobreza sin cuidado, y del trabajo sin ambición, en medio de los cuales había vivido siempre.

Y cuando su tío, con cierta intención, le preguntó esa mañana:

—¿Y cómo te fue de sueños? —empezó a sospechar que si todas las noches se encontraba dueño de tanta hacienda, y tan realmente feliz mientras dormía, no debía ser del todo extraño a ello el viejo aquél. Pensó en eso todo el día, mientras seguían esquilando ovejas y se acordó de la matra que le había dado su tío. Quiso ver si realmente era brujería o mera casualidad; y a la noche, cuando se acostó, la sacó de la cama y la puso a un lado. Durmió como hombre cansado, a puño cerrado, pero se despertó sin haber soñado más que un leño; y quedó desde entonces convencido de que era cierto que su tío era brujo y que la matra era un valioso regalo.

La recogió con cuidado, la volvió a meter en medio de las pilchas del recado; y se disponía a ir a saludar a su tío y a darle las gracias, cuando vio que éste había desaparecido, que el toldito no existía más, y pronto se dio cuenta, con solo mirar en derredor suyo, de que estaba en pagos conocidos y cerca de la casa paterna.

Ensilló y se fue, cavilando. Pensaba en muchas cosas en que nunca había pensado hasta entonces. Tenía por todo haber unos pocos pesos en el bolsillo, y asimismo se consideraba más feliz que todos los hombres ricos cuyos campos iba pisando.

Su matra, llena de sueños felices, valía más ella sola, para él, que todas las estancias, campos y haciendas de todo el vecindario. No tenía más que extenderse en ella para tener cuanto puede uno desear poseer, y esto sin los disgustos inseparables de la posesión. Sueños, no más, eran, es cierto, pero sueños lindos, que mientras duraban, valían una realidad, y tenía profunda lástima a los patrones que lo conchababan cuando los veía desconsolados por haber sufrido grandes pérdidas en sus haciendas, o seguir en medio de mil percances algún pleito ruinoso, o tristes e inquietos por andar apremiados por algún vencimiento. ¡Qué noches pasarían esos pobres!

Y pensaba Florentino que más sabio había sido su tío el brujo, al regalarle la matra, fuente inagotable de sueños hermosos, que si le hubiera favorecido con una fortuna real, fuente, casi siempre, como lo veía, de cavilaciones sin fin y de sufrimientos sin número.

La guitarra encantada

Don Nataniel y su china, con tres o cuatro hijos, criaturas todavía, vivían, pobres como las ratas, en un campo del Estado, sobre la costa de un gran cañadón. Su rancho era una miserable choza, con el techo de paja todo podrido y lleno de agujeros, y sin más puerta que un cuero de potro viejo y arrugado; de modo que la lluvia y el frío entraban allí como en su propia casa.

Todo el haber de la familia lo componían unas cuantas yeguas, dos lecheras y algunos corderos guachos, alzados en el campo por los muchachos y criados por ellos.

Nataniel no era haragán ni vicioso. Ganaba algunos pesos en las hierras y arreos, cada vez que se le presentaba la ocasión, y su distracción preferida no era la de tantos gauchos, de ir a pasarse las horas en la pulpería, sino —distracción inocente y barata— de tocar la guitarra, sin cesar, y cantando, cada vez que tenía un momento desocupado. No era más que un modesto aficionado; pero, sin dárselas de payador, no dejaba de tener un talentito regular. Así por lo menos estaba dispuesta doña Filomena, su mujer, a proclamarlo, lo mismo que cierto grillo que, desde algún tiempo, había fijado su domicilio en un rincón de la habitación.

Este grillo era para el matrimonio un verdadero compañero, pues, aunque nunca se le viera, se le oía mucho; y de noche solía acompañar la guitarra y el canto de Nataniel o llenar los intermedios con su grito familiar.

La guitarra de Nataniel, aunque muy sencilla, una de tantas de las que cuestan tres o cuatro pesos en cualquier casa de negocio, tenía mucho mérito para él, pues hacía largos años que la poseía; le conocía las mañas;

había sido ella la discreta confidente de sus esperanzas y de sus penas, y no podía olvidar que también por ella había conquistado el corazón de su Filomena.

Una noche entró a oscuras, tiró el pesado recado en el rincón acostumbrado, sin ver que el instrumento favorito se había caído de su sitio en la pared, con clavo y todo, y lo aplastó completamente.

El pobre Nataniel quedó todo pesaroso, no pudiéndose conformar con que la vieja compañera no tuviera ya compostura; y después de la cena, que fue corta, quedaron ambos, él y la mujer, como almas en pena, mirando extinguirse unas tras otras las brasitas del fogón, mudos y sin saber en qué ocupar el tiempo.

De repente cantó el grillo, en el mismo rincón donde yacía la guitarra rota y, maquinalmente, miró allí Nataniel. ¡Cuál fue su asombro al ver, colgada en la pared, una guitarra nueva, flamante! Y mientras la miraba boquiabierto, señalándosela a su mujer, calladito, con el dedo, el canto del grillo se volvió tan comprensible para ambos como si hubiera sido voz humana: y clarito oyeron que decía:

—El que conmigo cantare y sus votos expresare, pronto los verá colmados, si resultan moderados.

Don Nataniel y su mujer quedaron un buen rato atónitos. El grillo seguía cantando, pero como de costumbre, nomás, y era como para dudar de que realmente hubiese hablado. Y sin embargo, allí estaba la otra guitarra, nueva, flamante, colgada de la pared, encima de los restos de la «finada», sin que nadie la hubiese traído.

Nataniel tenía muchas ganas de probarle el mérito; pero tenía también algún recelo, pues en esas brujerías, muchas veces, sucede que lo seducen a uno con buenas palabras o con visiones de objetos imaginarios, y de repente lo revientan.

Por fin se levantó, y también Filomena, y ambos se acercaron al sitio donde estaba la guitarra; el hombre por delante, por ser más guapo, y la mujer por detrás, por ser más miedosa, pero empujando despacito la miedosa al guapo, para que no se echase atrás.

Nataniel, con precaución, tocó el instrumento con un dedo, primero, y después con toda la mano; y viendo que nada sucedía, lo descolgó. Filomena retrocedió ligero, algo asustada, pero pronto se sosegó, y Nataniel, sentándose, empezó a dar vueltas a la guitarra, encontrándola muy parecida a la que con tan poca suerte había destrozado.

Se animó a templarla: era de muy lindas voces sonoras, y tocó una milonga, que el grillo acompañó. Pero Filomena, como mujer práctica que era, había estado pensando en los deseos moderados aquellos que con el canto podría expresar Nataniel, para que fueran colmados, y pronto se lo hizo recordar.

Y como para ver hasta qué punto era verdad la promesa, Nataniel así cantó:

—Mira, grillo, mi amiguito, para probarnos tu amor bien podrías al asador ponernos un corderito...

Y no había tenido tiempo de cantar un verso más, cuando en la mesa de la cocina apareció, no se sabe cómo, en una fuente grande, un magnífico asado; «...¡y con papas alrededor!», exclamó en el acto Nataniel, y aparecieron papas lindas y bien cocidas, colocadas en la fuente, alrededor del cordero.

Nataniel soltó la risa al ver la cara de su mujer, atontada por el suceso, y cantó al grillo una copla de agradecimiento entusiasta, antes de descuartizar con el cuchillo el cordero, tan dorado, tan gordo y tan jugoso, que se le hacía agua la boca.

Como habían cenado mal, el cordero les venía de perilla, y con ayuda de los chicos, que todavía no dormían, pronto dejaron la fuente limpia, no quedando más recuerdos del regalo del grillo que unos cuantos huesitos pelados, las manos grasientas y las caras sucias.

Fue casi con alegría que Nataniel, en la madrugada siguiente, prendió el fuego con las astillas de la guitarra rota, ¡lo que es la ingratitud! Y durante todo el día, como era natural, él y Filomena, preparando, una su puchero o lavando la ropa, y trenzando huascas el otro, no pensaron en otra cosa que en lo que iban a pedir al grillo con la guitarra, después de cenar.

Pero bien se acordaban ambos de que, para ser colmados, tenían que ser moderados sus pedidos; y no sabían hasta qué punto podían dejarse ir. Como nunca habían poseído más que los cuatro trastos que tenían en el rancho, todo les parecía mucho, y temían que cualquier cosa que pidieran fuese un disparate y les costase algún castigo imprevisto; pues medio sabían que estos seres desconocidos que protegen a los hombres, cuando uno interpreta mal sus órdenes, aunque sea sin querer, se desatan en rabia y pegan a veces golpes feroces.

No fue, pues, sin cierta emoción como empezó Nataniel, esa noche, a pulsar la guitarra. Filomena había acostado a los chicos, y sin dejar de cebar mate, para ocultar su ansiedad, esperaba que se decidiera el cantor; pero éste no parecía tener mayor apuro, pues no hacía sino preludiar, sin que soltase un verso. Algo impaciente ya, la mujer le insinuó que pidiera un corte de vestido para ella o alguna ropa para los nenes; y Nataniel formuló la demanda, no sin pedirle disculpa al grillo por la mucha osadía.

No había acabado de bordonear la guitarra acompañando el último verso, cuando apareció en la mesa un atadito muy bien hecho, que contenía todo lo que había deseado la mujer y algo más, quizá, para ella y para las criaturas. Don Nataniel, cada vez más agradecido al grillo, le cantó una décima tan linda, que el grillo le contestó con el más sentido serrucheo de que era capaz; y pensando el cantor que fuera esto una invitación a seguir pidiendo, pidió nomás; y cuando estuvo por irse a acostar, tenía más prendas de vestir que las que en toda su vida hubiese gastado. Nada le faltaba: botas y sombrero, chiripá y poncho de paño, camisetas y blusas, tirador y pañuelo de seda, y cuchillo con cabo torneado y rebenque talero. Su recado se había completado con algunas prendas que le faltaban, y podía competir con los mejores del pago, pues no se le habían mezquinado los adornos de plata. Doña Filomena, por su parte, de vez en cuando le había hecho alguna indicación interesada, consiguiendo para sí y para los chicos todas las riquezas que su raquítica imaginación de pobre resignada le había podido sugerir. Ya no faltaban en el rancho una toalla para secarse la cara, ni un par de sábanas de uso doméstico para la cama, ni una servilleta de alemanesco para limpiarse la boca y los dedos, en caso de tener algún huésped a quien ofrecer una tajada de asado. Dos camisetas de abrigo había conseguido para cada uno de sus hijos, con un par de pantalones, y —lujo inaudito— un sombrero para el mayor y un par de zapatos para el más chico; no se le había ocurrido pedir todavía medias para los tres.

La mesita parecía mostrador de tienda cuando Nataniel volvió a colgar la guitarra, y la tuvo que volver a tomar para pedirle al grillo:

—Que el gran favor les hiciera de regalarles siquiera un baúl o algún ropero pa poner tanto pilchero.

No se hizo esperar la respuesta, y en el acto apareció un baúl de esmerada fabricación, con buena cerradura, para guardar el tesoro. Probablemente el bienhechor no les había mandado ropero por haberse dado cuenta de que en un rancho tan pequeño hubiese sido un estorbo.

Cuando, como Nataniel y Filomena, uno ha sido pobre toda la vida cualquier cosita le parece lujo; y pasaron ambos unos cuantos días, admirados de su suerte, gozando de ella con una candidez de niños, y sin pensar en pedir más, creyéndose quizá llegados al apogeo de la dicha, o temiendo parecer groseros.

De noche, lo mismo que antes con la otra guitarra, Nataniel cantaba y le contestaba el grillo, mientras cebaba mate Filomena, sin que ninguno se acordara de expresar el menor deseo.

Pero un día faltó la carne, y se tuvieron todos que contentar con un poco de mazamorra. Nataniel, algo malhumorado, se acordó que quizá podría pedir al grillo con la guitarra algo que asegurase para siempre la manutención de la familia; y se largó con una canción que significa, en el fondo, su deseo de tener una majada que cuidar, para tener siempre el puchero seguro; pero, por las dudas, la hizo tan alambicada, que quizá no la pudo entender el grillo en el acto, pues esa noche se fue Nataniel a dormir sin haber oído balar las ovejas que esperaba.

—Se nos está enojando el grillo —dijo él a Filomena.

Y Filomena le contestó:

—Por voraces, será —y quedaron avergonzados y tristes.

Se equivocaban, pues al día siguiente recibieron la visita de un estanciero vecino que les venía a ofrecer una majada al tercio. Mientras hablaba, sentado con ellos en el rancho y tomando mate, cantó el grillo, como aconsejando. Pronto fue hecho el trato; y bendiciendo a su geniecillo protector, Nataniel, después de cenar, agotó en su honor todas las alabanzas que en sus cantos se le pudieron ocurrir.

Un bienestar relativo fue la consecuencia inmediata del arreglo con el estanciero; nunca faltaba la carne ya en la pobre morada; y sin tener que importunar al grillo, lo que siempre temía Nataniel, no faltaban tampoco ni la yerba, ni el azúcar, ni el tabaco.

Solamente cuando llegó el invierno, doña Filomena, al tiritar ella de frío, y al ver tiritar a las criaturas, insistió con su marido para que cantase alguna décima «de las de pedir», como decía ella.

Nataniel, que bien sabía que, una vez descontados los gastos de esquila y el remedio para la sarna, nunca le alcanzaría el producto de las ovejas para poder comprar ropa de abrigo, se decidió a pedirle al grillo lo que le pareció necesario; y al ver que, ponchos y frazadas, tricotas de lana y bombachas gruesas, se iban apilando en la mesa, con vestidos de tartán y enaguas de punto para ella, Filomena comprendió que hasta entonces habían sido unos infelices en no pedir al grillo muchas otras cosas, ya que, al fin y al cabo, sin rezongar ni vacilar, les concedía todo lo que le pedían.

Y como solo da trabajo el primer paso, no tardó Nataniel, incitado por su mujer, en insinuarle al grillo que mucho mejor sería que la majada fuera de él, en propiedad, en vez de ser ajena y solo a interés. Y el día siguiente, al abrir el cajón de la mesa para sacar yerba, Nataniel quedó lo más sorprendido: vio un rollo de papel que le pareció ser de billetes de Banco; lo abrió, y mientras lo miraba con los ojos relucientes de alegría, llamó al palenque el dueño de las ovejas. Nataniel cerró el cajón, recibió al estanciero, y pronto supo que éste venía con la intención de ofrecerle en venta las ovejas. No se turbó el gaucho por tan poca cosa, pues le empezaba a parecer muy natural cualquier maravilla, y mientras discutían el precio, cantó el grillo, en su rincón, como aconsejando.

Pronto cerraron el trato; Nataniel y el vendedor contaron la majada, que resultó de mil y tantas cabezas, y dio la casualidad que, justito, alcanzaban los pesos del cajón para pagar su importe, ni uno más ni uno menos.

Dicen que comiendo viene el apetito, y tardaron pocos días, esta vez, Nataniel y Filomena en pensar que bien podrían pedir al grillo algo más que unas cuantas ovejas; ya que todo se lo daba con tan buena voluntad, era que sus deseos resultaban moderados, como lo había él mismo mandado. También, lo que antes hubieran creído ser una enormidad, ya les parecía poca cosa; estaba lejos el tiempo en que hubiera vacilado un mes Nataniel antes de pedir al grillo una bombacha o un par de botas; y por poco hubiera despuntado en su mente la idea de que el grillo solo cumplía con una obligación, y que a su talento de cantor y de guitarrero debía sus liberalidades; quizá el geniecillo, sin sus décimas, no hubiera podido vivir.

Y le cantó una «de las de pedir», pero «macuca». Se largó nomás, con que sus ovejas estarían más a su gusto en campo propio que en campo del Estado, de donde, cualquier día, lo podían echar como intruso.

El día siguiente se apeó en el palenque un soldado de la policía que le traía, de chasque, mandado por el juez de paz del partido, un gran sobre de oficio. Era un título de propiedad en forma, de dos leguas de campo, allí mismo donde vivía, que el Superior Gobierno, sin que se supiera cómo ni por qué, le regalaba; ¿equivocación? ¿Quizá lo habrían confundido con algún ministro?

Lo cierto es que Nataniel y su mujer no dejaron de sentirse orgullosos al verse tan ricos, y empezaron a pensar que no tendría límite su poder. En la misma noche le cantó Nataniel al grillo unas cuantas décimas de alabanza agradecida, pero, al mismo tiempo, no dejó de pedirle que completase su obra regalándole, en lugar del rancho miserable, indigno ya de un estanciero rico, una casita decente, bien construida y bien amueblada.

Y el Sol, cuando salió, creyó estar en un error, y se quedó inmóvil, un minuto entero, asomado en el horizonte, haciendo colorear con la luz de su poderoso farol el techo de teja de una alegre casita, que no se acordaba haber visto allí el día anterior.

Nataniel y Filomena quedaron, esta vez, tan encantados con su preciosa morada, que en un arrebato de suprema satisfacción, declaró el cantor al grillo, en los mejores versos que pudo, que ya no le pedirían más, quedaban colmados sus votos.

Y realmente, ¿qué más hubieran deseado? Su dicha no podía ser más completa. No les faltaba nada: llenos de salud, ellos y sus hijos; ricos como el que más, ya que lo que tenían superaba en mucho a sus necesidades; asegurados de la ayuda del grillo, a quien acudían con discreción en los casos difíciles, vivían absolutamente felices, sin deseos ni pesares: ¿cómo hubieran tenido pesares, cuando, al contrario, los recuerdos de todo su pasado de pobreza era, por comparación, su mejor elemento de gozo?

No todos, por cierto, saben apreciar esa clase de felicidad, un poco pasiva, por la misma falta de contrastes que la hagan resaltar; pero la apreciaban ellos, y en su justo valor, después de las penurias de antaño, contentándose ahora con dejarse vivir.

Pasaron así algunos años. Nataniel trabajaba con sus muchachos; vendía la lana de sus ovejas, los capones y los novillos, sobrándole siempre dinero. No dejaba, cada noche, de tomar la guitarra y de cantar lindas décimas, que el grillo acompañaba con su cantito monótono y estridente, celebrando así juntos los inefables goces de la vida apacible del campo, cuyas viriles faenas conservan la salud del cuerpo y dan al alma la quietud.

Desgraciadamente, el afán de tener más y más, ese gusano destructor de toda felicidad, siempre vivo en el corazón humano, no estaba más que dormido en el de ellos.

Llegó un día en que no se contentaron con la abundancia, quisieron la opulencia; les pareció poco el ser respetados y queridos, pensaron en ser los primeros.

Una tarde, al ver cruzar por el campo el break de un gran estanciero vecino, tirado por soberbios caballos, llenos de señoras que lucían elegantes y lujosos trajes de viaje, Filomena se sintió, por primera vez, herida por la envidia. Llamó a su marido, y toda enojada, le dijo:

—¿Será más que nosotros esa gente, que ni nos mira siquiera? ¿Por qué dejas que tengan más campo que nosotros, cuando, con solo pedirlo al grillo, podríamos seguramente ser más ricos que ellos? ¡Tan orgullosas que son esas mujeres, con sus gorras emplumadas! —agregó entre dientes.

Y la verdad es que lo que más le dolía a Filomena, inconscientemente sin duda, era ver que otras llevaban adornos que a ella le parecían prohibidos, a pesar de haber podido comprarlos también si hubiera querido. Era que por instinto sentía que a su facha de paisana tosca hubiera sentado una de esas gorras emplumadas lo mismo que a Nataniel un sombrero de copa, y esto le causaba una rabia capaz de hacerla despreciar todos los favores de que se habían visto colmados.

Nataniel no estaba muy convencido de la necesidad de tener más bienes. Su felicidad le seguía pareciendo suficiente, y no pensaba que pudiera ser mayor, aun teniendo más tierra y más hacienda; se resistió, pues, a las exigencias de su mujer; pero tanto lo fastidió ella, que, para conseguir la paz, tomó la guitarra y se dispuso a cantar.

En este mismo momento cantó el grillo, como aconsejando, y su canto, esa noche, parecía triste y melancólico, como si alguna desgracia le estuviera por suceder. También al preludiar, le pareció a Nataniel algo ronca la guitarra, y casi estuvo a punto de volverla a colgar. Pero Filomena no le dejó, y Nataniel, para probar las atenciones del grillo, acordándose que la faltaba una carona para el recado, se la pidió. Apareció en seguida la carona. Alentado por el resultado, quiso entonces soltar de golpe, para que el susto fuese corto, toda la tropilla de pedido que en su cabeza había estado entablando, y, en versos rápidos, empezó a pedir campos extensos y numerosas haciendas y un palacio lujosamente amueblado y casa en la ciudad y los pesos por millones y coches y servidores y esto y lo otro, y hubiese seguido algún tiempo todavía, quizá, si de repente no se hubieran cortado todas las cuerdas de la guitarra, menos una, rajándose también lastimosamente la caja.

Se quedaron los esposos tullidos como por un rayo. Al cabo de un gran rato, se levantó despacio Nataniel, y en puntillas, como para no despertar la mala suerte, fue a colgar en su sitio la descuajaringada guitarra. Y cantó el grillo, como si llorase.

Pasaron sin novedad algunos días, y como no podía Nataniel vivir sin cantar, trató de componer el instrumento con cuerdas compradas en la pulpería, pero casi no sonaban, y tuvo, para poder hacer música, que comprar una guitarra nueva.

Quedó tristemente colgada, durante mucho tiempo, la guitarra encantada, sin prestar a su dueño más beneficio que hacerle recordar su imprudencia; hasta que un día, habiéndose arriesgado a pedir al grillo, acompañándose con la única cuerda que le había quedado, un pequeño servicio, pudo comprobar que todavía sus deseos, con tal que fuesen moderados, podrían quedar cumplidos. Pero el mismo estado precario del instrumento claramente le indicaba que cualquier desliz le sería fatal.

El rancho de los hechizos

Desierta había sido siempre la pampa en aquellas alturas, sin un árbol, sin una población, sin un rebaño a la vista. Y por eso Sandalio, que hacía pocos días había cruzado por allí boleando avestruces con otros matreros, se quedó muy sorprendido al ver un rancho, muy bien construido, rodeado de un buen monte, encerrado en alambrados, con sus corrales y su palenque.

¿De quién sería todo aquello? ¿Quién habría venido a poblar esa soledad?

Y como Sandalio no era hombre de perder tiempo en conjeturas, ni de admitir que pudiera haber para él palenque desconocido, no vaciló en acercarse.

Vago empedernido, acostumbraba vivir de rapiñas y consideraba que no hay cocina que se atreva, por huraña e inhospitalaria que sea, a negar a quien los pida, con un buen cuchillo en la cintura, un churrasco y un mate.

A medida que se aproximaba fijábase en todos los detalles: por la puerta entreabierta del rancho veía el vestido de una mujer, muy ocupada en coser y acompañando con su canto el ruido de la máquina. No había perros en el patio, ni caballo cerca, lo que le hizo suponer que la mujer estaba sola y sin defensa, y esto bastó para que en su cabeza de gaucho malo nacieran en el acto intenciones criminales de toda índole.

Con cierta cautela se arrimó al palenque, y después de acariciar la empuñadura del facón, como para avisarlo de estar listo para cualquier complicidad, se apeó y quiso atar el caballo. Pero no le dieron tiempo los tres estacones del palenque, pues empezaron a brincar en alegre baile, haciendo con sus retorcidos cuerpos mil contorsiones, y pegándole de vez en cuando, como quien no quiere la cosa, un buen palo en las espaldas. El mancarrón, asustado, se mandó mudar ensillado, y cuando el gaucho, después de correr a pie dos cuadras, perseguido por los tres estacones locos, se detuvo para resollar, vio que todo había desaparecido y que quedaba solo en medio del campo, a pie y molido. Y oyó una voz que cantaba:

—Los estacones, bandido, tu intención han conocido.

Sandalio, por supuesto, no contó a nadie su hazaña; pero queriendo saber si era cierto lo que había visto o si era mentira, a pesar de sentir todavía en el lomo ciertos dolores que le hubieran podido confirmar que no había sido sueño, le ponderó a su amigo Vicente, borracho de siete suelas, lo lindo que en el rancho famoso trataban a cualquier transeúnte, asegurándole que lo habían convidado con ginebra..., pero, amigo, ¡qué ginebra!, ¡y a discreción!

Vicente, al oírle, se quedó con la boca hecha agua, y no pensó ya sino en ir sigilosamente en busca del rancho aquel donde, de arriba, se podía tomar cosa tan rica, y... a discreción. Eso, sobre todo, de la discreción le gustaba mucho.

Bien enterado de la ubicación exacta del rancho, se fue una mañana a ver si lo encontraba. Dio con él, en el paraje indicado por Sandalio, y lo mismo que éste vio el palenque, el rancho, el corral y la mujer cosiendo detrás de la puerta entreabierta. Se acercó al palenque, y soñando ya con la buena ginebra con que lo iban a obsequiar, llamó.

Contestó una voz femenina, cantando con toda claridad:

—Si por bebida vinieras, ¡cuidado con las tranqueras!

Vicente, a punto ya de llegar justamente a la tranquera, se detuvo algo sorprendido, pero fue cosa de un rato, y resueltamente empujó la puerta. Esta cedió, pero movida por un resorte poderoso se volvió a cerrar, pegándole al gaucho un golpe feroz que lo mandó a rodar, desmayado, a veinte varas de distancia.

Cuando, azorado, volvió en sí, quedó admirado al ver que el rancho y todo había desaparecido. Sentía mucha sed, y viendo que a su lado estaba un porrón de ginebra, lo tomó con avidez, y, sin paladear, sorbió un gran trago.

Pero la ginebra era agua, y como Vicente tenía poca afición por tan desabrido líquido, tiró lejos de sí el porrón, y montando en su caballo que todavía estaba en el mismo sitio donde había estado antes el palenque, se fue bastante caviloso con lo que le había pasado.

Sandalio se encontró con él en la pulpería a los pocos días, y le preguntó cómo le había ido.

—¿Dónde? —preguntó Vicente, haciéndose el zonzo.

—¡Hombre —le dijo Sandalio—, en el rancho que le dije, pues!

—¡Ah!, sí; rancho lindo, que parece de brujos.

Y le contó ingenuamente y punto por punto todo lo que le había ocurrido.

Sandalio, consolado ya del propio mal por el mal ajeno, se rió mucho, y lo mismo hizo Nicolás, gaucho joven aún, pero ya perverso, quien, pensando que solo por la borrachera había visto Vicente tantas cosas imposibles y recibido tantos porrazos, no se acordó más que de la mujer aquélla, cosiendo, solita en su rancho, sin hombre que la defendiera, ni perro que la cuidase, y habiendo conseguido de Vicente las señas que le podían guiar, armó viaje para el paraje designado.

Soñando ya con alguna belleza cuyo amor le hubiera reservado la suerte, dispuesto a conquistarla a las buenas o a las malas, galopó de prisa hasta divisar la población. Se acercó lleno de emoción, pero dispuesto a todo, y lo mismo que había hecho Sandalio al llegar, acarició, para mayor seguridad, la empuñadura del cuchillo.

Llamó en el palenque y la voz femenina le contestó, invitándole a apearse. Así lo hizo, ató el caballo y pasó la tranquera dirigiéndose con paso seguro hacia la puerta entreabierta, por donde se veía cosiendo a la mujer. Pero mientras atravesaba el patio, Nicolás oyó que ésta cantaba:

—No mires por la rendija, si no el gato te castiga.

Pero no por miedo a un gato se iba a contener Nicolás, y agarrando por el borde la puerta, le quiso abrir. En vez de abrirse se cerró la puerta, apretándole la mano derecha, al mismo tiempo que la cola de un gran gato negro, al cual no había visto y que se le abalanzó con furia. El gato no le podía alcanzar la cara, pero le desgarró todo el chiripá —un chiripá nuevito— y le lastimó horriblemente la mano que no podía sacar de la rendija.

Duró muy poco por suerte la función, y de repente desaparecieron como pesadilla el gato, la puerta, el rancho y todo, quedando Nicolás con la mano deshecha por la apretadura y por el gato.

Cuando le preguntaron Sandalio y Vicente lo que tenía en la mano, por tenerla así envuelta dijo que se había quemado con el lazo, al disparar una yegua que tenía enlazada de a pie. Y agregó:

—Y siento mucho haber tenido que venirme, pues estaba en este puesto de que nos habló Vicente, como un conde: bien mantenido, bien pagado y sin nada que hacer casi.

Así hablaba él por no dar su brazo a torcer y para inspirarles envidia; pero más o menos suponían ellos lo que le había podido haber pasado.

Unicamente Pascual, un haragán y comilón sin igual, que también había oído lo que contara Nicolás, pensó que para él no dejaría de ser ganga una colocación tan buena: buen sueldo, buena comida y casi nada que hacer, esto pocas veces se encuentra, y con las indicaciones que, riéndose entre sí, le dio Nicolás, rumbeó para el rancho.

Por el camino encontró a un hombre que araba, y como se le había disparado un caballo, le pidió, ya que iba montado, tuviese la bondad de traérselo. Pascual se hizo el sordo y pasó.

Un poco más lejos se encontró con unos vascos que curaban de la sarna una majada y que le pidieron les ayudase a encerrar una chiquerada, ya que estaba allí. Pero Pascual les contestó que iba de prisa y se fue.

Otros que estaban cerdeando unas yeguas, también le pidieron una manita, porque eran pocos y querían acabar; pero Pascual dijo que su caballo estaba cansado y los dejó.

Y lo mismo hizo con otros que para hacer un pequeño aparte le rogaron que les atajase el rodeo un rato.

Llegó por fin al rancho, donde todo estaba como se lo había pintado su amigo Nicolás. Pero cerca del palenque vio una pieza dispuesta como para forasteros, con la puerta abierta, un fogón con leña lista, bancos, una pava, un mate, hierba, etc., y hasta vio que colgaba del techo medio capón gordo. Y pensó que antes de conchabarse siempre podría aprovechar todo esto y comer de arriba.

Después de atar el caballo, iba hacia la pieza cuando sintió que la mujer que cosía, desde el rancho cantaba:

—Quien no trabaja no come; el haragán, ¡que se embrome!

Se paró, porque le pareció indirecta, pero estaba ya muy cerca de la pieza para echarse atrás y quiso entrar; cuatro perros bravísimos, al sentirlo, se le echaron encima, destrozándole la ropa y también un poco la carne, y lo corrieron hasta que saltó en su caballo y disparó. Cuando ya muy lejos se dio vuelta y miró, no quedaba ni rastro de las poblaciones, ni tampoco de la gente que a la venida había encontrado apartando, cerdeando, curando y arando.

Se quedó muy admirado el hombre y se fue cavilando hasta la querencia, repitiendo a cada rato:

—Pero, mire ¡qué cosa!... ¡Qué cosa!

Tanto que su compañero Hipólito, cuatrero de oficio, quiso saber cuál era esa cosa que tan preocupado lo tenía. Y Pascual, no queriendo, por supuesto, confesar lo que le había pasado, le salió con media mentira, diciéndole que en un puesto nuevo, ubicado en tal parte —y le indicó con prolijidad el paraje—, había visto una hacienda tan gorda, tan mansa y tan fácil de arrear, aun de día, por lo mal cuidada, que nunca había visto cosa igual.

Hipólito le propuso ir los dos a pegar malón; pero Pascual pretextó estar medio indispuesto, lo que no era del todo falso, y le aconsejó que fuese solo, que no había peligro.

Hipólito se decidió. Fue de día a inspeccionar el campo y la hacienda y salió exacto todo lo que le había contado Pascual sobre el puesto y su ubicación y sobre la mujer sola y sobre los animales tan mansos que solo al grito se arrollaban y marchaban.

Se dejó estar escondido entre el pajonal hasta que fue de noche cerrada, dirigiéndose entonces hacia los animales en que se había fijado. Los encontró fácilmente, y como todos estaban con la cara al viento y que justamente soplaba éste de donde pensaba llevarlos, se puso detrás de ellos y amontonándolos en un grupo, gritó: «¡fuera, buey!». Pero en el acto sintió el tropel de los novillos que dándose vuelta se le venían encima con bufidos de enojo, y vio relucir frente a sí tantas luces fulgurantes como tenían de ojos entre todos. Presa de un espanto sin igual, echó a galopar, castigando al mancarrón con furia, y galopó derecho nomás, leguas y leguas, atravesando lomas y cañadones, tropezando en las vizcacheras, castigando, espoleando, loco. Y cada vez que se animaba a deslizar una mirada para atrás, veía las luces fulgurantes, sentía los bufidos, oía el terrible tropel; y solo cuando salió el lucero le pareció que ya habían dejado de seguirlo.

Pocos hombres había tan baqueanos como él; y asimismo quedó extraviado más de quince días pasando mil miserias, antes de volver a sus pagos. Lo que no impidió que una vez que estaban todos juntos: Sandalio el bandido, con Vicente el borracho y Nicolás el atrevido, Pascual el haragán y él, Hipólito el cuatrero, contó que se había llevado de aquel campo una gran punta de hacienda muy buena y que en estancia tan mal atendida se podía hacer muy provechosos negocios. Y cada cual ponderó a su turno lo bueno que era allá el campo, lo gorda que estaba la hacienda y lo numerosos que eran los rodeos, y lo buena y hospitalaria que era la gente, y así mil mentiras a cual más grande.

No había, fuera de ellos mismos, más auditorio que Inocencio, un buen muchacho, trabajador, hábil, honrado, discreto y sin vicios, que por casualidad andaba por allí buscando conchabo. No conocía esos gauchos que tanto hablaban del rancho aquél, y creyó que decían la verdad. Les preguntó si pensaban que necesitaran peones allá, y en el acto le dijeron que sí; se hizo indicar por ellos dónde era y se fue. Con un poco de atención hubiera podido ver a los compañeros sonreírse de la confianza con que iba en busca —creía cada uno de ellos— de algún nuevo chasco.

Inocencio, por el camino, encontró al hombre que araba y que le pidió varios servicios; gustoso se los prestó. También ayudó a los que estaban cerdeando yeguas y a los vascos que curaban la majada y tampoco se negó a atajar el rodeo para facilitar a los apartadores su trabajo.

Cuando llegó cerca del rancho nuevo, vio encerrada en el corral una majada muy linda que parecía esperar que se le abriera la puerta, y como mandado por una voluntad superior, soltó las ovejas juntando con las madres los corderos extraviados, haciendo salir despacio del corral las ovejas muy preñadas y atajando los capones para que en su apuro por desflorar el campo no se llevasen la majada demasiado lejos.

Una vez sosegado el rebaño en buen campo, volvió Inocencio y mudó caballo, tomando uno de la tropilla que se le vino como a ofrecer. Después, viendo que se venían acercando algunas lecheras al palenque donde estaban atados unos terneros, las arrimó, las ató y las ordeñó, sacando para ello de la pieza contigua al palenque baldes y jarros. En dicha pieza, como lo había visto Pascual cierto día, estaba dispuesto todo como para que pudiera comer y descansar cualquier forastero, pero Inocencio todavía no pensaba en ello, pues tenía mucho que hacer y no era hora de comer. Por lo demás, los perros que allí estaban no le molestaron y quedaron dormidos.

La puerta del rancho principal no estaba todavía abierta y puso Inocencio los baldes de leche en la pieza; desató los terneros y fue a repuntar la hacienda. Encontró muchos grupos de ella por todas partes; lindos animales, todos muy mestizos y gordos. Se fijó en sus respectivas querencias y anotó en su memoria las marcas que eran tres y varios animales fáciles de distinguir por sus señales peculiares.

Cuando volvió a la estancia, pues no había más población que el rancho y tenía que ser éste la casa principal, estaba entreabierta la puerta y se veía el vestido de una mujer que cosía y cantaba:

—Para el que no tiene vicio, que sabe vivir con juicio, que solo en trabajar piensa, habrá buena recompensa.

Inocencio oyó estas palabras y le hubiera gustado poder siquiera verle la cara a la cantora. Pero no se atrevió a acercarse, y pensando que debía esperar que lo llamasen, entró en la pieza de los forasteros, se preparó un churrasco, tomó mate, fumó un cigarro y durmió la siesta. Cuando despertó, nadie tampoco lo llamó, ni le dijo nada; pero le parecía estar hacía tiempo ya en la estancia, y, sin que le mandaran, cumplió con lo que ya consideraba su obligación. Y los días siguieron así, durante varios meses. Sus tareas impedían que pudiera Inocencio sufrir de su soledad. Sin haber podido nunca, y esto de lejos y por la rendija, ver más que el vestido de la mujer que en el rancho vivía, soñaba con ella, y sin saber si era joven o vieja, hermosa o fea, comprendía que su vida le pertenecía y que era ella la voluntad misteriosa a la cual obedecía.

Un día, en el campo, se encontró con Sandalio, Vicente, Nicolás, Pascual e Hipólito, que juntos habían venido a curiosear, y averiguar lo que había sido de él, del rancho y de su dueña. Se quedaron admirados de encontrarlo allí y trataron de conseguir que les ayudara en sus propósitos. Unos querían llevarse robada la hacienda, otro quería saquear la mujer, mientras que Vicente seguía soñando con el rancho; éste de buena gana se hubiera llevado la ginebra de que en otros tiempos le habían hablado. Inocencio, primero, creyó que era en broma, pero pronto tuvo que comprender con qué gente se las tenía y sin fijarse en cuántos eran, los atropelló cuchillo en mano. Poco pelearon; tres o cuatro tajos bien dados los pusieron a todos en fuga y volvió muy tranquilo Inocencio a su rancho.

Hacía justamente, el día siguiente, un año que estaba en el establecimiento, y cuando a la madrugada despertó vio con asombro que en lugar del pobre rancho de paja estaba un precioso edificio de material. En la puerta principal, abierta de par en par, estaba, vestida de novia y bañada en las primeras luces del alba, una mujer joven y seductora, que con gestos amables lo invitaba a acercarse. Tímido, vino hacia ella y de sus labios supo que por su trabajo desinteresado durante un año y su discreta comportación, había deshecho el hechizo de que ella era víctima, y que en recompensa le ofrecía su corazón y su fortuna.

Inocencio tuvo el buen gusto de no hacerse de rogar: se casaron, vivieron felices y tuvieron muchos hijos.

Libros a la carta

A la carta es un servicio especializado para

empresas,

librerías,

bibliotecas,

editoriales

y centros de enseñanza;

y permite confeccionar libros que, por su formato y concepción, sirven a los propósitos más específicos de estas instituciones.

Las empresas nos encargan ediciones personalizadas para marketing editorial o para regalos institucionales. Y los interesados solicitan, a título personal, ediciones antiguas, o no disponibles en el mercado; y las acompañan con notas y comentarios críticos.

Las ediciones tienen como apoyo un libro de estilo con todo tipo de referencias sobre los criterios de tratamiento tipográfico aplicados a nuestros libros que puede ser consultado en Linkgua-ediciones.com.

Linkgua edita por encargo diferentes versiones de una misma obra con distintos tratamientos ortotipográficos (actualizaciones de carácter divulgativo de un clásico, o versiones estrictamente fieles a la edición original de referencia).

Este servicio de ediciones a la carta le permitirá, si usted se dedica a la enseñanza, tener una forma de hacer pública su interpretación de un texto y, sobre una versión digitalizada «base», usted podrá introducir interpretaciones del texto fuente. Es un tópico que los profesores denuncien en clase los desmanes de una edición, o vayan comentando errores de interpretación de un texto y esta es una solución útil a esa necesidad del mundo académico.

Asimismo publicamos de manera sistemática, en un mismo catálogo, tesis doctorales y actas de congresos académicos, que son distribuidas a través de nuestra Web.

El servicio de «libros a la carta» funciona de dos formas.

1. Tenemos un fondo de libros digitalizados que usted puede personalizar en tiradas de al menos cinco ejemplares. Estas personalizaciones pueden ser de todo tipo: añadir notas de clase para uso de un grupo de estudiantes,

introducir logos corporativos para uso con fines de marketing empresarial, etc. etc.

2. Buscamos libros descatalogados de otras editoriales y los reeditamos en tiradas cortas a petición de un cliente.

www.ingramcontent.com/pod-product-compliance
Lightning Source LLC
LaVergne TN
LVHW091219080426
835509LV00009B/1071